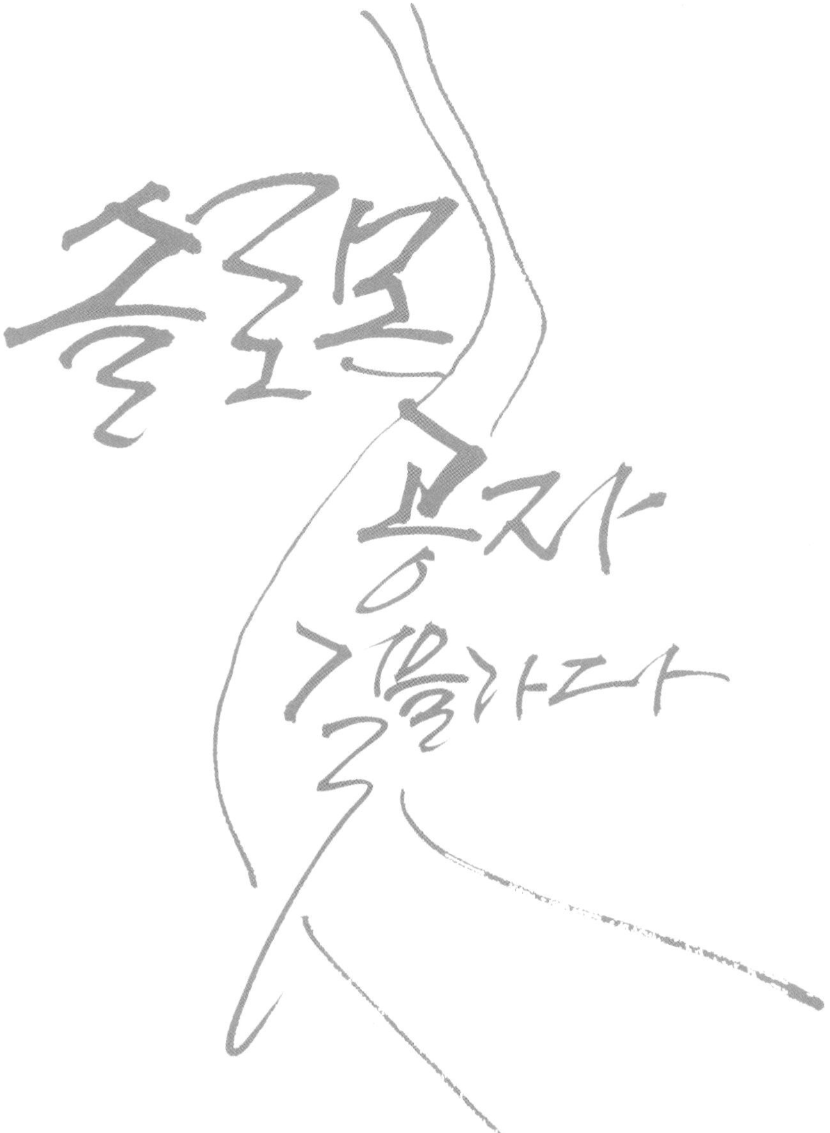

솔로 공자 길을 가다

엄태석

솔로몬 공자 길을 가다

목차

Ⅰ. 솔로몬과 공자 　　　　　　　　11

Ⅱ. 솔로몬과 공자의 지향점 　　　　15
　1. 솔로몬의 지혜로운 자 　　　　16
　2. 공자의 군자 　　　　　　　　20

Ⅲ. 삶에 대한 조언 1 : 자기수양 　　27
　1. 하늘과 하나님(여호와)을 경외하라 　29
　2. 지혜를 구하라 　　　　　　　34
　3. 진리와 정의를 좇으라 　　　　40
　4. 자기를 돌아보라 　　　　　　43
　5. 훈계(징계)를 흔쾌히 받아들이라 　48
　6. 치우치지 말아라 　　　　　　54
　7. 부지런히 살아라 　　　　　　58
　8. 욕심을 줄여라 　　　　　　　62
　9. 정직하게 살아라 　　　　　　66
　10. 겸손하라 　　　　　　　　　69
　11. 서두르지 말라 　　　　　　　73

12. 신중하라 … 77
13. 착하고 어진 사람이 되라 … 80
14. 믿을 만한 사람이 되라 … 84
15. 술취하지 말라 … 87

Ⅳ. 삶에 대한 조언 2 : 인간관계 … 91

1. **사랑**(효도, 우애, 사랑)**하며 살아라** … 92
2. 가난한 자와 나누며 살아라 … 97
3. 말을 아끼고 조심하라 … 101
4. 다투지 말라 … 106
5. 분노하지 말라 … 109
6. 악한 자의 유혹에 넘어가지 말라 … 113
7. 미련한 자를 가까이 하지 말라 … 118
8. 분노하는 자와 사귀지 말라 … 123
9. 게으르고 낭비하는 자를 멀리 하라 … 126
10. 교만한 자를 멀리 하라 … 129
11. 이런 친구를 사귀라 … 132

프롤로그

나는 좋은 사람인가?
나는 잘 살아가고 있나?
앞으로 어떻게 살아갈 것인가?
나의 무덤 앞에서 사람들은 나를 어떻게 평가할까?

언젠가부터 이런 생각을 많이 하게 되었습니다. 이런 생각들 저만의 고민은 아닐 것입니다.

이 글을 쓴 이유입니다.

개인적으로는 좀 더 품격있고, 의미있는 삶을 위해, 또 우리 사회가 건강하고 행복한 공동체가 되기 위해 어떤 것들을 유의하고, 어떻게 행동해야 하며, 어떻게 관계를 맺어야하나 하는 문제에 대한 지혜를 솔로몬의 잠언과 공자의 논어에서 찾아본 것입니다.

책을 읽다 보면 쉽게 수긍이 되는 그런 내용들입니다.
'이런 이야기는 나도 하겠네' 하는 가르침들일 수 있습니다.
하지만 이 안에는 수 천 년의 시간이 녹아 있고, 동양과 서양이라는 물리적 간격도 있습니다.
이 책은 구약성경에 있는 솔로몬의 잠언과 공자의 논어 가운데 일치하는 가르침을 하나로 묶었으며, 각자의 주장은 그 나름대로 의미가 있다고 판단하여 그대로 실었습니다.

이 책을 즐기시려면, 먼저 '나는 과연 이렇게 살고 있나?' 하는 질문을 던지면서 읽는 것입니다. 다음은 공자와 솔로몬의 위치에서 보는 것입니다. 성공한 왕과 출세하지 못한 뛰어난 학자의 입장에서 서로의 언설을 비교해 보며 읽는 것입니다. 마지막으로 논어는 한자 본문을 실었습니다. 번역과 번갈아 가며 보는 것도 즐거운 일이 될 수 있을 것입니다.

'그런데 이 글을 쓴 당신은 이 책의 가르침대로 살고 있소?' 라고 물으신 다면 고개를 들 수 없습니다.
제가 오죽하면 이런 글을 썼겠습니까?
고치려고 꽤나 노력하는데, 잘 되지 않네요.
그래도 오늘의 제가 어제의 저보다는 낫기를 기대하며 노력중입니다.

오늘의 제가 있기까지는 많은 분의 사랑과 배려, 가르침이 있었습니다. 이미 하늘나라에 가 계신 부모님과 장인어른, 지금까지 저를 가르치고 훈육하신 선생님들과 나의 바람막이 같은 형제 자매들, 오랜 친구들과 좋은 직장 동료들의 덕분으로 이제껏 살아왔습니다. 그리고 제가 바르게 살아야 하는 가장 큰 이유인 사랑하는 제자들이 저를 보고 있기 때문입니다.

가장 오랜 시간 저와 함께 한 아내 이상희 선생 없이는 오늘의 저를 말하기 어렵습니다. 어느 선생보다 저를 잘 이끌어 주었고 위로해 주었으며 보살펴 주었습니다. 친구이자, 애인이자, 아내인 그녀에게 이 지면을 빌어 다시 한번 고맙다는 말을 전합니다.

끝으로 부족한 원고를 읽고 흔쾌히 출판을 허락하신 출판사 이분의일의 방수영 대표님께 감사드립니다.

이 책을 통해 우리 모두의 삶이 좀 더 편안해지고 행복해지기를 사랑하는 주님께 기원합니다.

감사합니다.

2024년 3월
둔곡동 골짜기에서
엄태석 올림

I.
솔로몬과 공자

솔로몬

후대 사람들에게 현명한 판단과 결단력을 가진 '지혜의 왕'으로 알려져 있는 솔로몬은 부왕인 다윗과 밧세바(Bathsheba)사이에서 출생하여 이스라엘 왕국 제3대 왕으로 즉위하였습니다. 그의 재위기간은 BC 971년부터 BC 931년으로 추정되지만 많은 자료들은 연대미상으로 기록하고 있습니다.

이스라엘을 통일한 다윗에게는 여러 명의 아들이 있었는데 왕위를 둘러싸고 아들 간에 투쟁이 일어났으며 형제들을 물리친 솔로몬이 부왕을 이어 이스라엘의 왕이 되었습니다. 솔로몬이 다스리는 이스라엘은 번성했으며 자신의 거처인 궁중에는 수백 명의 후궁과 첩을 거느렸습니다. 이집트에도 상당한 영향력을 행사했으며 파라오의 딸과 결혼하였습니다. 페니키아로부터 자재와 기술을 도입하여 웅장한 신전을 예루살렘에 건설하였고, 언약궤를 안치하여 이스라엘 민족의 정신적인 성소이자 야훼 신성을 확립하였습니다. 성전에는 화려한 금과 상아 등이 가득했다고 합니다.

구약성서 중 〈아가(雅歌)〉, 〈잠언(箴言)〉 등이 그의 저작물로 전해지고 있으며, 한 아기를 놓고 두 어머니가 싸우는 것을 재판했다는 이야기는 지금도 유명합니다.

후세에 '솔로몬의 영화(榮華)'로 일컬어지는 융성을 구가하였으나 방탕하고 사치스러운 생활을 위해 과중한 세금을 부과한데다 폭압적인 정치, 그리고 징병과 강제노동 등으로 인해 국민의 불만이 높아졌습니다. 또 이스라엘 부족간의 갈등과 대립이 심화되어 솔로몬이 죽자 이스라엘 왕국은 남북으로 분열되고 말았습니다.

공자

공자는 노(魯)나라 창평향 추읍(昌平鄕 鄒邑:지금의 山東省 曲阜의 남동)에서 BC 551년에 출생하였습니다. 자는 중니(仲尼), 이름은 구(丘)입니다. 춘추시대 말기 사람으로 주나라의 봉건질서가 쇠퇴하여 사회적 혼란이 심해지자, 그는 주왕조 초의 제도로 복귀해야 한다고 생각했습니다.

그의 가장 대표적인 사상은 인(仁)이라고 할 수 있으며, '극기복례(克己復禮 : 자기 자신을 이기고 예에 따르는 삶이 곧 인(仁)이다)'가 그 요체라 하겠습니다. 그는 인(仁)을 단지 도덕규범이 아닌 사회질서 회복에 결정적 역할을 할 수 있는 정치사상으로 생각했습니다.

공자의 언행과 사상이 담겨 있는 논어는 유가(儒家)의 성전(聖典)이라고도 할 수 있습니다. 사서(四書)의 하나로, 중국 최초의 어록(語錄)이기도 합니다. 고대 중국의 사상가 공자(孔子)의 가르침을 전하는 가장 확실한 옛 문헌으로 공자와 그 제자와의 문답을 주로 하고, 공자의 발언과 행적, 그리고 인생의 교훈이 되는 내용들이 간결하고도 함축성있게 기록되어 있습니다.

유교의 경서는 많지만, 그 중에서 논어는 효경(孝經)과 더불어 한(漢)나라 이후에 지식인의 필수 서적이 되고 있습니다.

한국에도 일찍이 전래되어, 국민의 도덕사상 형성의 기본이 되었습니다. 구미(歐美) 각국에도 연구서나 번역서가 많으며, 최근에는 미국에 특히 많습니다(이상은 네이버 지식백과와 두산백과에서 발췌, 인용한 것임).

II.
솔로몬과 공자의 지향점

1. 솔로몬의 지혜로운 자

잠3:13 지혜를 얻은 자와 명철을 얻은 자는 복이 있나니
잠3:14 이는 지혜를 얻는 것이 은을 얻는 것보다 낫고 그 이익이 정금보다 나음이니라

솔로몬 잠언의 처음과 끝을 관통하는 하나의 개념, 주제어는 다름 아닌 '지혜'입니다. 지혜와 명철을 왜 추구하여야 하며, 지혜가 얼마나 유익하며, 지혜가 얼마나 귀중한 존재인지를 거듭 강조하고 있습니다.
지혜(智慧/知慧)란 사물의 이치를 빨리 깨닫고 사물을 정확하게 처리하는 정신적 능력을 의미합니다. 명철(明哲)은 총명하고 사리에 밝음을 말합니다. 필자가 이해하기에 명철은 지혜의 전 단계 또는 전제인 것 같습니다. 명철하지 않으면 지혜로울 수 없으며, 명철보다 더 경지에 이르기가 어려운 것이 지혜가 아닐까 판단됩니다. 왜냐 하면 명철은 사물에 대한 이해력 수준이라면 지혜는 거기에 더해 정신적, 실천적 부분도 연결되기 때문입니다.

우리 주위에 똑똑한 사람은 발견하기가 어렵지 않습니다. 하지만 이것을 뛰어 넘는 지혜로운 사람은 발견하기가 쉽지 않습니다.

수능만점, 서울대수석, 국가고시 수석 등등 시험 잘 보고 머리좋은 사람들 얼마나 많습니까? 이런 사람들을 우리는 머리가 좋다고 하지 지혜롭다고 하지는 않습니다. 반면 초등학교 근처도 갔다 오지 않은 어르신 가운데도 지혜로운 분들이 얼마나 많습니까?

솔로몬왕의 잠언을 보면 지혜에 대한 그의 애정이 남다름을 알 수 있습니다. 그리고 그 안에는 묘한 자신감도 보입니다. 자신을 지혜로운 사람으로 스스로 인정하는 듯한 느낌을 받게 됩니다. 아마도 그가 일찍이 왕의 지위에 올랐고, 성공한 왕으로 칭송받은 시간이 길었기 때문일 것입니다.

솔로몬왕은 하나님에게 지혜를 항상 간구하였고, 신은 그에게 지혜뿐만 아니라 부귀와 명예도 주겠다고 약속했으며, 이 모든 것이 그에게 주어졌습니다. 참으로 복받은 사람입니다.

살다 보니 참 지혜롭게 사는 것이 어렵다는 것을 많이 그리고 깊이 느끼게 됩니다.

지혜롭게 산다는 것이 과연 어떻게 사는 것일까요?

아마 이 책의 모든 내용을 다 이해하고 실천하는 삶이 지혜로운 삶이 아닐까 싶습니다.

사리에 대한 분별은 명쾌하게 해야 할 것이며, 언행에는 신중함과 절제가 배어 있어야 하며, 정의롭고 정직해야 하며, 사람을 사랑하고, 겸손한 삶을 사는 것이 지혜로운 삶이겠지요. 말해 놓고 보니 거의 신의 경지인 듯 보입니다. 이르기 쉽지 않은 삶이지만, 노력하는 것이 지혜로운 삶이라는 생각이 듭니다.

'솔로몬왕은 지혜를 구한 지혜로운 사람이었다'라는 것은 이 책을 읽는 대부분의 사람들이 잘 알고 있습니다. 또 이 때 말하는 지혜라는 것도 당연히 우리가 아는 일반적인 지혜일 것이라고 생각합니다.
성경의 전도서를 보면, 그가 구한 지혜가 보다 구체적으로 드러납니다. 그가 바랐던, 그렇게 간구했던 지혜는 "듣는 지혜"였다는 것입니다. 그는 지혜로운 사람들의 이야기를 듣는 지혜를 달라고 하였습니다. 지혜로운 사람을 알아보는 지혜, 지혜로운 사람들의 말을 경청하는 겸손한 지혜를 원했다는 사실에 다시 한 번 놀라게 됩니다.
누군가 이런 말을 했습니다.
"듣는 자는 지혜로운 사람이고, 감사하는 자는 행복한 사람이다"
솔로몬의 경우와 일맥상통하는 훌륭한 교훈이 아닐 수 없습니다.

중국 송나라 학자였던 사마광의 어릴 적 이야기입니다.
한 아이가 커다란 항아리에 빠져 살려달라고 외쳤습니다.
그러자 아이의 다급한 비명을 들은 동네 어른들이
항아리 주변에 모여들기 시작했습니다.

그리고는 사다리 가져와라, 밧줄 가져와라, 요란 법석만 떨었습니다.
그동안 물독에 빠진 아이는 숨이 넘어갈 지경이 되었습니다.
그때 사마광이 옆에 있던 돌멩이를 주워들고
커다란 항아리를 깨트려 버렸더니, 물이 흘러나와
아이를 구할 수 있었습니다.
지혜는 훌륭한 생각에서 머무는 것이 아니라, 실천을 포함하는 개념이 아닐까 하는 생각을 하게 됩니다.

관련 어구

잠2:10 곧 지혜가 네 마음에 들어가며 지식이 네 영혼을 즐겁게 할 것이요
잠2:11 근신이 너를 지키며 명철이 너를 보호하여
잠2:12 악한 자의 길과 패역을 말하는 자에게서 건져 내리라.

잠2:20 지혜가 너를 선한 자의 길로 행하게 하며 또 의인의 길을 지키게 하리니
잠2:21 대저 정직한 자는 땅에 거하며 완전한 자는 땅에 남아 있으리라.

잠3:15 지혜는 진주보다 귀하니 네가 사모하는 모든 것으로도 이에 비교할 수 없도다
잠3:16 그의 오른손에는 장수가 있고 그의 왼손에는 부귀가 있나니

잠4:7 지혜가 제일이니 지혜를 얻으라. 네가 얻은 모든 것을 가지고 명철을 얻을지니라.

잠9:9 지혜 있는 자에게 교훈을 더하라. 그가 더욱 지혜로워질 것이요 의로운 사람을 가르치라 그의 학식이 더하리라.

잠9:12 네가 만일 지혜로우면 그 지혜가 네게 유익할 것이나 네가 만일 거만하면 너 홀로 해를 당하리라.

2. 공자의 군자

十七. 子曰 君子義以爲質이오 禮以行之하며 孫以出之하며 信以成之하나니 君子哉라(衛靈公篇)

17. 공자께서 말씀하셨다. "군자는 의를 바탕으로 삼고, 예절에 맞게 행동하고 겸손하게 드러내며, 신의로 이룬다. 이것이 군자다."

군자란 유교에서 도덕적으로 완성된 인격자를 일컫는 말입니다. 유교에서는 성인(聖人)이 되는 것이 궁극적인 목표입니다. 성인이란 최고의 인격자, 즉 천인합일(天人合一)의 경지에 이른 사람을 말합니다. 이를테면 공자와 이에 앞서 있었던 요(堯)·순(舜)·주공(周公) 등을 말하는데, 공자는 "성인은 내 아직 보지 못하였지만, 군자만이라도 만나 보았으면 한다"(論語, 述而篇)고 했습니다. 이런 내용들을 볼 때, 유교는 누구나 노력에 의하여 도달하는 표준의 인물을 성인보다는 군자에 둔 것으로 보입니다. 궁극적으로 군자는 높은 도덕성을 가진 사람을 말하며, 「이런 존재가 되겠다」는 한 본보기로 군자라는 용어가 쓰였다고 하겠습니다.

공자가 보통 사람의 경지에서 지향점으로 삼은 군자는 솔로몬의 지혜로운 사람보다 많은 것을 함축하고 있습니다. 지혜로운 자에 대한 언급이 주로 자신의 유익 차원에서 이루어지는 반면 군자는 타인과의 관계 속에서 많은 언급이 이루어집니다.
군자는 사회 속에서, 공동체 속에서 더 그 의미가 커 보입니다. 물론 자신에 대한 끊임없는 수양을 전제로 하고 있기는 하지만 상당 부분은 인간과 사회 속에서 그 존재감이 부각됩니다.
사람을 대할 때, 아래 위 사람들을 대할 때, 말할 때, 어울릴 때, 그리고 일할 때 등등에서 군자가 소인배와 다름을 여러 차례 강조하고 있습니다. 군자의 덕목에 대해서는 본문에 많은 내용들이 나와 있기 때문에 반복하지 않고자 합니다.
지혜로운 자와 군자는 그 뿌리가 하나인 것 같습니다. 그것은 사고, 즉 생각해야 한다는 것입니다. 지혜로운 삶이나 군자의 삶은 결국 본능에 충실한 삶이 아니라 본능을 극복하고 이성에 귀 기울이는 삶이라고 할 수 있습니다.
생각이라는 것을 하지 않고 살다 보면 대부분의 사람은 말이 행동보다 앞서고, 무례해지기 쉽고, 이기적이 됩니다. 뿐만 아닙니다. 악덕과 음행을 행하기 쉽고, 취하여 맹랑한 짓거리를 하기 십상입니다. 지혜로운 자나 군자의 모습과는 정반대 모습이겠지요.

관련 어구

一. 子曰 學而時習之면 不亦說乎아 有朋이 自遠方來면 不亦樂乎아 人不知而不이면 不亦君子乎아(學而篇)

1. 공자께서 말씀하셨다. "배우고 시시때때로 익히면 기쁘지 아니한가? 친한 벗이 먼 곳에서 찾아오면 또한 즐겁지 아니한가? 남이 자기를 알아주지 않아도 성내지 않으면 이 또한 군자가 아니겠는가?"

十三. 子貢이 問君子한대 子曰 先行其言이요 而後從之니라(爲政篇)

13. 자공이 군자에 대해서 묻자, 공자께서 말씀하셨다. "먼저 그 말을 행하고 난 이후에 행한 바를 말한다."

十四. 子曰 君子는 周而不比하고 小人은 比而不周니라(爲政篇)

14. 공자께서 말씀하셨다. "군자는 두루 친하지만 한 쪽으로 치우치지 않으나, 소인은 패거리를 만들고 두루 친하지 않는다."

十一. 子曰 君子는 懷德하고 小人은 懷土하며 君子는 懷刑하고 小人은 懷惠이니라(里仁篇)

11. 공자께서 말씀하셨다. "군자는 덕을 생각하고, 소인은 처한 곳을 생각하며, 군자는 법을 생각하고, 소인은 은혜를 생각한다."

十六. 子曰 君子는 喩於義하고 小人은 喩於利니라(里仁篇)

16. 공자께서 말씀하셨다. "군자는 의에 밝고, 소인은 이익에 밝다."

十五. 子 謂子産하시대 有君子之道 四焉이니 其行己也 恭하며 其事上也 敬하며 其養民也 惠하며 其使民也 義니라(公冶長篇)

15. 공자께서 자산을 다음과 같이 평하였다. "자산에게는 군자의 도가 네 가지 있다. 행동하는 것이 공손하며, 윗사람을 섬기는 것이 공경스러우며, 백성을 기르는 것이 은혜로우며, 백성을 부리는 데 의롭다."

三六. 子曰 君子는 坦蕩蕩이오 小人은 長戚戚이니라(述而篇)

36. 공자께서 말씀하셨다. "군자의 마음은 탁 트여 여유롭고 평탄하나, 소인의 마음은 꽉 막혀 항상 근심하고 걱정한다."

十六. 子曰 君子는 成人之美하고 不成人之惡하나니 小人은 反是니라(顔淵篇)

16. 공자께서 말씀하셨다. "군자는 남의 아름다운 점을 완성해주고, 남의 악한 점을 도와주지 않지만 소인은 이와 반대이다."

二三. 子曰 君子는 和而不同하고 小人은 同而不和니라(子路篇)

23. 공자께서 말씀하셨다. "군자는 조화는 이루되 동화되지 않고, 소인은 동화될 뿐 조화는 이루지 못한다."

二六. 子曰 君子는 泰而不驕하고 小人은 驕而不泰니라(子路篇)

26. 공자께서 말씀하셨다. "군자는 의연하지만 교만하지 않고, 소인은 교만하지만 의연하지 못한다."

七. 子曰 君子而不仁者는 有矣夫어니와 未有小人而仁者也니라(憲問篇)

7. 공자께서 말씀하셨다. "군자가 어질지 않은 사람은 있지만, 소인으로

서 어진 사람은 없다."

二九. 子曰 君子는 恥其言而過其行이니라(憲問篇)
29. 공자께서 말씀하셨다. "군자는 그 말이 행동을 벗어나는 것을 부끄러워한다."

三十. 子曰 君子道者三에 我無能焉하니 仁者는 不憂하고 知者는 不惑하고 勇者는 不懼니라(憲問篇)
30. 공자께서 말씀하셨다. "군자의 도에는 세 가지가 있는데 나는 그 중에 어느 하나도 할 수 있는 것이 없다. 어진 자(仁者)는 근심하지 않고, 지혜로운 자(知者)는 미혹되지 않으며, 용감한 자(勇者)는 두려워하지 않는다."

四三. 子路 問君子한대 子曰 修己以敬이니라 曰 如斯而已乎잇가 曰 修己以安人이니라 (憲問篇)
43. 자로가 군자에 대해 묻자, 공자께서 말씀하셨다. "자기를 수양하여 공경하는 것이다." 자로가 물었다. "이와 같을 뿐입니까?" 공자께서 말씀하셨다. "자기를 수양하여 사람을 편안하게 하는 것이다."

十八. 子曰 君子는 病無能焉이오 不病人之不己知也니라(衛靈公篇)
18. 공자께서 말씀하셨다. "군자는 자신의 무능함을 걱정하고, 사람들이 자기를 알아주지 않는 것을 염려하지 않는다."

二十. 子曰 君子는 求諸己오 小人은 求諸人이니라(衛靈公篇)

20. 공자께서 말씀하셨다. "군자는 (문제를) 자기에게 찾고, 소인은 남에게서 찾는다."

二一. 子曰 君子는 矜而不爭하며 群而不黨이니라(衛靈公篇)

21. 공자께서 말씀하셨다. "군자는 긍지를 가지고 행동하면서도 다투지 않고, 무리를 이루기는 하지만 파당을 만들지는 않는다."

二二. 子曰 君子는 不以言擧人하며 不以人廢言이니라(衛靈公篇)

22. 공자께서 말씀하셨다. "군자는 말만 가지고 사람을 들어 쓰지 않으며, 사람 됨됨이 때문에 그의 (좋은) 말까지 버리지 않는다."

三三. 子曰 君子는 不可小知而可大受也오 小人은 不可大受而可小知也니라(衛靈公篇)

33. 공자께서 말씀하셨다. "군자는 작은 일로는 알 수 없으나 큰일은 맡을 수 있고, 소인은 큰일은 맡을 수 없으나 작은 일로는 알 수 있다."

三六. 子曰 君子는 貞而不諒이니라(衛靈公篇)

36. 공자께서 말씀하셨다. "군자는 곧고 바르지만 작은 신의에 매이지 않는다."

七. 孔子曰 君子有三戒하니 少之時에 血氣未定이라 戒之在色이오 及其壯也하여 血氣方剛이라 戒之在鬪오 及其老也하여 血氣旣衰라 戒之在得이니라(季氏篇)

7. 공자께서 말씀하셨다. "군자에게는 세 가지 경계할 것이 있다. 젊었

을 때는 혈기가 안정되지 않아 여색을 조심해야 하고, 장성해져서는 혈기가 한창 강하기 때문에 다툼을 경계해야 하고, 늙음에 이르러서는 혈기가 이미 쇠했으므로 욕심을 경계해야 한다."

八. 孔子曰 君子有三畏하니 畏天命하며 畏大人하며 畏聖人之言이니라(季氏篇)

8. 공자께서 말씀하셨다. "군자에게는 두려워해야 할 세 가지가 있다. 천명과 대인을 두려워하며, 성인의 말씀을 경외한다."

十. 孔子曰 君子有九思하니 視思明하며 聽思聰하며 色思溫하며 貌思恭하며 言思忠하며 事思敬하며 疑思問하며 忿思難하며 見得思義니라(季氏篇)

10. 공자께서 말씀하셨다. "군자는 아홉 가지 생각하는 것이 있다. 볼 때는 밝게 볼 것을 생각하고, 듣되 총명하게 들을 것을 생각하고, 얼굴빛은 온화하게 할 것을 생각하고, 용모는 공손할 것을 생각하고, 말은 충성스럽기를 생각하고, 일에는 정성스러울 것을 생각하고, 의문이 나면 물어 볼 것을 생각하고, 화를 냄에는 뒷날의 어려움을 생각하고, 얻을 것을 보면 의를 생각하다."

二四. 子貢曰 君子亦有惡乎잇가 子曰 有惡하니 惡稱人之惡者하며 惡居下流而上者하며 惡勇而無禮者하며 惡果敢而窒者니라(陽貨篇)

24. 자공이 물었다. "군자도 미워하는 사람이 있습니까?" 공자께서 말씀하셨다. "미워하는 사람이 있다. 남의 잘못을 들추어내는 사람을 미워하며, 아래에 있으면서 윗사람을 비방하는 사람을 미워하며, 용맹하지만 예의가 없는 사람을 미워하며, 과감하지만 앞뒤가 꽉 막힌 사람을 미워한다."

III.
삶에 대한 조언 1: 자기수양

이제부터는 수천년의 시간을 초월하여 동양과 서양의 두 선생이 지혜로운 삶, 군자의 삶을 살게 하기위해 가르치신 바를 하나하나 음미해 보고자 합니다.

한 부분은 자기수양을 위한 가르침이며, 또 다른 한 부분은 관계적인 측면에서 가르치신 바를 정리해 묶어 보았습니다.

태어나 생존한 시기와 공간도 다르고, 각자가 추구하는 철학적 종교적 기반도 다른 두 사람이지만 상당 부분 공감대를 형성하고 있기에 감히 하나의 책으로 묶어 보았습니다. 놀라운 유사성을 발견하지만, 두 사람의 확연히 다른 삶의 자세도 느꼈습니다.

수천 년이 지난 가르침이지만 여전히 우리의 고개를 끄덕이게 하는 힘을 느낍니다. 먼저 자기수양을 위한 가르침을 보겠습니다.

1. 하늘과 하나님(여호와)을 경외하라

잠1:7 여호와를 경외하는 것이 지식의 근본이거늘 미련한 자는 지혜와 훈계를 멸시하느니라.

八. 孔子曰 君子有三畏하니 畏天命하며 畏大人하며 畏聖人之言이니라(季氏篇)
8. 공자께서 말씀하셨다. "군자는 두려워해야 할 세 가지가 있다. 천명과 대인을 두려워하며, 성인의 말씀을 경외한다.

하나님, 하늘, 천명, 성인을 경외한다는 것은 그 뜻을 존중, 존경하고 두려워하라는 의미인데요, 종교적 의미를 던져버리고 현대적으로 생각한다면 인간의 도리, 규범, 양심, 상식 그리고 법과 같은 것들에 벗어나지 않는 삶, 나아가 이런 것을 구현하고자 하는 적극적인 삶을 살라는 뜻이 아닐까 싶습니다.
두 사람은 기독교와 유교라는 다른 정신적·종교적 기반을 가진 터라 두려움이나 존경의 대상에 대한 호칭이 다릅니다. 하지만 공통점은 자신

의 언행을 돌이켜 보고 판단할 기준으로 하나님과 하늘, 성인과 군자와 같은 대상을 두고 있다는 것입니다.

우리의 삶을 규율하는 가장 낮은 수준의 기준은 법입니다. 그리고 그 위에 도덕과 윤리, 더 나아가면 종교적인 절대자나 하늘의 뜻과 같은 추상적인 기준들이 있습니다.

영화나 드라마를 보면 어떤 장면에서 "네 이놈, 하늘이 두렵지 않느냐?", "넌 천벌을 받을 것이다" 등등의 대사를 접할 때가 있습니다.

하늘이 주는 벌이란 과연 무엇일까요?

아마도 양심의 가책이 아닐까요?

신이 인간을 창조할 때, 인간에게 장착한 하나의 안전장치가 양심이란 생각을 많이 하게 됩니다. 물론 일부의 사람은 무슨 재주로 그것을 던져버리고 사는지 모르지만, 대부분의 사람은 이것 때문에 하늘의 뜻, 인간의 도리를 벗어나지 못합니다. 이것을 벗어나면 양심이란 녀석이 본인을 어마어마하게 괴롭히기 때문입니다.

그래서 룻소(J. J. Rousseau)는 그의 책 에밀에서 이렇게 말하고 있습니다.

"아이가 잘못을 하면 크게 꾸짖지 마라. 그 아이는 잘못을 한 그 순간 이미 양심의 가책이라는 하늘의 벌을 받았기 때문이다."

그렇습니다.

대부분의 사람들은 자신이 잘못한 것을 압니다. 그래서 겁도 먹고, 죄책감에 시달립니다. 그런 상황에서 잘못에 대해 크게 호통을 치면 미안해하기보다 반발을 하기가 더 쉽습니다. 물론 잘못에 대한 적당한 지적이나 제재는 있어야 합니다.

양심의 가책이라는 것이 천벌치고 너무 약한 것이라면, 정말 하늘나라에 가서 받는 벌을 상상할 수도 있습니다. 죽어 지옥불에 떨어지거나 다시 태어나 지긋지긋한 삶을 살게 되는 것이 아마도 천벌일 것입니다.
솔로몬과 공자는 지혜롭고 어진 사람이었지만, 항상 경외하는 마음으로 자신을 경계하며 살았습니다. 하나님을, 하늘을, 성인의 말씀을 두려운 마음과 공경하는 마음으로 따르고자 부단히 노력하였습니다.
과연 우리의 삶은 어떻습니까?
국회에서 진행되는 각종 청문회를 보면 날이 갈수록 사람들이 뻔뻔해지고 대담해지는 것을 보면서 자주 놀랍니다.
위장전입, 탈세, 병역비리, 부동산투기, 논문표절, 허위학력, 잦은 탈당과 입당, 거짓말 등등에 대해 날이 갈수록 무감각해지는 공직 후보자들을 보게 됩니다.
그저 "잘못 했습니다", "몰라서 한 실수였습니다", "다시는 이런 일 없도록 하겠습니다" 하는 식의 답변으로 일관하면서 공직에 오르는 사람들을 보면서 많이 걱정스럽습니다.
이런 일들을 아무렇지도 않게 해 온 사람들이 마치 "나만 그랬냐?" 하는 식으로 담담하게 공직을 수락하는 것도 문제지만, 더 큰 문제는 어느 순간 이런 일들이 실정법 위반임에도 불구하고 그저 그런 실수 정도로 치부된다는 것입니다.
이런 사람들이 어떻게 공직기강을 이야기하고 사회정의를 부르짖을 수 있겠습니까? 또 그렇게 한 들 누가 흔쾌히 받아들이겠습니까?
10여 년 전만 해도 이런 일로 총리나 장관에 낙마한 사람들 꽤 있습니다. 그런데 요즘에는 이런 일은 아무 일도 아닌 것처럼 다들 공직에 취임합니다.
도덕적 불감증.

하늘을 두려워 하기는 커녕 법도 도덕도 두려워하지 않는 일부 인사들의 행태가 참 무섭습니다.

관련 어구

잠2:5 여호와 경외하기를 깨달으며 하나님을 알게 되리니
잠2:6 대저 여호와는 지혜를 주시며 지식과 명철을 그 입에서 내심이며
잠2:7 그는 정직한 자를 위하여 완전한 지혜를 예비하시며 행실이 온전한 자에게 방패가 되시나니
잠2:8 대저 그는 정의의 길을 보호하시며 그의 성도들의 길을 보전하려 하심이니라
잠2:9 그런즉 네가 공의와 정의와 정직 곧 모든 선한 길을 깨달을 것이라
잠2:10 곧 지혜가 네 마음에 들어가며 지식이 네 영혼을 즐겁게 할 것이요
잠2:11 근신이 너를 지키며 명철이 너를 보호하여
잠2:12 악한 자의 길과 패역을 말하는 자에게서 건져 내리라

잠3:6 너는 범사에 그를 인정하라 그리하면 네 길을 지도하시리라
잠3:7 스스로 지혜롭게 여기지 말지어다 여호와를 경외하며 악을 떠날지어다

잠4:8 그를 높이라 그리하면 그가 너를 높이 들리라 만일 그를 품으면 그가 너를 영화롭게 하리라
잠4:9 그가 아름다운 관을 네 머리에 두겠고 영화로운 면류관을 네게 주

리라 하셨느니라

잠9:10 여호와를 경외하는 것이 지혜의 근본이요 거룩하신 자를 아는 것이 명철이니라

잠14:27 여호와를 경외하는 것은 생명의 샘이니 사망의 그물에서 벗어나게 하느니라

잠15:16 가산이 적어도 여호와를 경외하는 것이 크게 부하고 번뇌하는 것보다 나으니라

ㄹ. 지혜를 구하라

잠3:13 지혜를 얻은 자와 명철을 얻은 자는 복이 있나니
잠3:14 이는 지혜를 얻는 것이 은을 얻는 것보다 낫고 그 이익이 정금보다 나음이니라

二八. 子曰 知者는 不惑하고 仁者는 不憂하고 勇者는 不懼니라(子罕篇)
28. 공자께서 말씀하셨다. "지혜로운 사람은 미혹되지 않고, 어진 사람은 근심하지 않으며, 용맹한 사람은 두려워하지 않는다"

살면서 가장 실천하기 어려운 것이 지혜롭게 사는 것이란 생각입니다. 지혜롭다는 말이 어렴풋이 와 닿기는 하는데, 과연 어떻게 사는 것이 지혜롭게 사는 것인지 잘 모르겠습니다.
세상의 가르침도 많이 헷갈립니다.
어떤 때 나서고, 어떤 때 참아야 하고, 무슨 말을 해야 하고, 무슨 말을 참아야 하는지 당체 알 수가 없을 때가 많습니다. 학교에서 일등하고 토익 만점 맞고 하는 것들은 노력으로 될 수도 있겠는데, 지혜로운 사람이 되는 것은 참으로 어려운 것 같습니다. 이 책에서 인용하는 두 분의 가르침을 잘 실천하면 그것이 바로 지혜로운 삶이 될 것 같은데 그것 자체가 보통 어려운 일이 아닙니다.

하지만 그 가르침대로 살려고 노력하는 것 자체만으로 충분히 의미있는 삶이 될 수 있습니다.

그렇기 때문에 지혜로운 삶의 출발은 많은 것을 배우는 것입니다. 배우지 않고 직접 경험으로 알게 되는 경우도 있지만 그 양은 얼마 되지 않습니다. 불에 손을 댄 다음에야 불의 뜨거움을 알게 된다면 이 얼마나 멍청한 학습방법입니까?

배운 다음 단계는 역시 생각하기입니다.

이 말이 무슨 의미인지, 왜 중요한지, 나에게는 어떻게 적용할 수 있을지 잘 생각해 봐야 합니다. 이런 의미에서 공자가 "배우기만 하고 생각하지 않으면 얻는 바가 없고, 생각만 하고 배우지 않으면 위태롭다"는 말을 새겨 볼 필요가 있습니다.

그 다음 단계는 역시 실천입니다.

건강을 위해 운동이 도움을 준다는 사실 누구나 압니다. 흥분하면 진다는 것도 대부분 압니다. 그러면 이것을 실천에 옮기는 것이 지혜로운 삶입니다.

지혜로운 사람이 유혹에 빠지지 않고 흔들림이 없으며 치우치지 않는 것은 이 세 가지 단계를 다 거친 결과라고 생각합니다. 많이 알고, 많이 생각하고, 많이 해봤기 때문일 것입니다.

어른이 되면서 자신에게 중요한 것들에 대한 순서가 바뀌곤 합니다. 하지만 어떤 순간에도 잊지 말아야 할 것은 중요함의 순서가 바뀌지 않는 무엇인가는 반드시 존재한다는 점입니다. 어떠한 경우라도 돈이 생명보다 중요할 수 없듯이 말입니다.

"생각하는 것은 쉬운 일이다.

행동하는 것은 어려운 일이다.

생각한 대로 행동하는 것은 더욱 어려운 일이다."
괴테의 이 말이 그저 한 말이 아님을 날이 갈수록 뼈저리게 느끼게 됩니다. 그래서 "시작이 반이다"라는 말을 하는 지도 모릅니다. 그 정도로 행동으로 생각을 옮기는 것이 어렵다는 것이겠죠.

덧붙여 지혜로운 삶을 더욱 빛나게 할 수 있는 것은 어진 마음과 용기, 그리고 힘인 것 같습니다. 이 세 가지가 지혜를 떠받치는 중요한 덕목이 아닐까 싶습니다.
살다 보니 모든 승부는 결국 건강 내지 체력이었습니다.
약한 마음은 약한 체력에서 비롯되는 것 같고, 비겁함, 소심함, 두려움 등도 대부분 부실한 건강이 발로가 되는 경우가 많았습니다. 물론 게으름도 그렇구요. 이제야 "건강한 육체에 건강한 정신이 깃든다(Sound body, Sound mind: A sound mind in a sound body)"는 말의 의미를 이해하게 됩니다.

한 스승이 제자들을 모두 불러 모았습니다.
그리고는 붓으로 하얀 종이의 한 가운데 선을 그었습니다.
그리고는 제자들에게 말했습니다.
"내가 이 종이에 그어 놓은 선을 짧게 만들어 보아라.
단, 절대로 선에 손을 대서는 안 된다.
스승의 말에 제자들은 어리둥절해야 했습니다.
그리고 선을 조금 지우는 것 외에는 아무리 생각해도 다른 방법이 떠오르지 않았습니다.
그때 한 제자가 빙그레 웃으며 앞으로 나왔습니다.

제자는 붓을 들고 스승이 그은 선 옆으로 더 굵고, 더 긴 선을 그렸습니다.

여러분은 어떤 답을 생각하셨습니까?
저는 종이를 접을 생각을 해봤는데요, 중요한 것은 생각을 행동으로 옮기는 것이 아닐까요.

관련 어구

잠2:10 곧 지혜가 네 마음에 들어가며 지식이 네 영혼을 즐겁게 할 것이요
잠2:11 근신이 너를 지키며 명철이 너를 보호하여
잠2:12 악한 자의 길과 패역을 말하는 자에게서 건져 내리라

잠2:20 지혜가 너를 선한 자의 길로 행하게 하며 또 의인의 길을 지키게 하리니
잠2:21 대저 정직한 자는 땅에 거하며 완전한 자는 땅에 남아 있으리라

잠3:15 지혜는 진주보다 귀하니 네가 사모하는 모든 것으로도 이에 비교할 수 없도다
잠3:16 그의 오른손에는 장수가 있고 그의 왼손에는 부귀가 있나니

잠4:7 지혜가 제일이니 지혜를 얻으라 네가 얻은 모든 것을 가지고 명철을 얻을지니라

잠9:9 지혜 있는 자에게 교훈을 더하라 그가 더욱 지혜로워질 것이요 의로운 사람을 가르치라 그의 학식이 더하리라

잠9:12 네가 만일 지혜로우면 그 지혜가 네게 유익할 것이나 네가 만일 거만하면 너 홀로 해를 당하리라

잠12:15 미련한 자는 자기 행위를 바른 줄로 여기나 지혜로운 자는 권고를 듣느니라

잠16:23 지혜로운 자의 마음은 그의 입을 슬기롭게 하고 또 그의 입술에 지식을 더하느니라

잠20:26 지혜로운 왕은 악인들을 키질하며 타작하는 바퀴를 그들 위에 굴리느니라

一. 子曰 學而時習之면 不亦說乎아 有朋이 自遠方來면 不亦樂乎아 人不知而不이면 不亦君子乎아.(學而篇)
1. 공자께서 말씀하셨다. "배우고 또 그것을 수시로 익히면 또한 기쁘지 아니하겠는가? 친한 벗이 먼 곳에서 찾아오면 또한 즐겁지 아니한가? 남이 알아주지 않아도 성내지 않으면 어찌 군자답지 아니한가?"

十一. 子曰 溫故而知新이면 可以爲師矣니라(爲政篇)
11. 공자께서 말씀하셨다. "배운 것을 거듭 연구하여 새로운 것을 알아내면 남의 스승이 될 수 있다."

十五. 子曰 學而不思則罔하고 思而不學則殆니라(爲政篇)

15. 공자께서 말씀하셨다. "배우기만 하고 생각하지 않으면 얻는 바가 없고, 생각만 하고 배우지 않으면 위태롭다."

十七. 子曰 由아 誨女知之乎인저 知之爲知之오 不知爲不知이 是知也니라 (爲政篇)

17. 공자께서 말씀하셨다. "유야! 너에게 아는 것이 무엇인지 가르쳐 주겠노라. 아는 것을 '안다'고 하고, 모르는 것을 '모른다'고 하는 것이 바로 아는 것이다."

二一. 子曰 三人行에 必有我師焉이니 擇其善者而從之하고 其不善者而改之니라(述而篇)

21. 공자께서 말씀하셨다. "세 사람이 함께 가면 그 가운데 반드시 내 스승이 있나니, 그 중에 선한 사람을 가려서 본받고 선하지 않은 사람을 골라 자신을 고쳐야한다."

三二. 子曰 知及之오도 仁不能守之면 雖得之나 必失之니라 知及之하며 仁能守之오도 不莊以之則民不敬이니라 知及之하며 仁能守之하며 莊以之오도 動之不以禮면 未善也니라(衛靈公篇)

32. 공자께서 말씀하셨다. "지혜가 충분해도 인이 그것을 지키지 못하면, 비록 얻었더라도 반드시 잃게 된다. 지혜가 충분하고 인이 그것을 지켜도 엄정한 태도로 임하지 않으면 백성들이 공경하지 않는다. 지혜가 충분하고 인이 그것을 지키며 엄정한 태도로 그것에 임해도, 예가 없으면 선하다고 할 수 없다."

3. 진리와 정의를 좇으라

잠3:3 인자와 진리가 네게서 떠나지 말게 하고 그것을 네 목에 매며 네 마음판에 새기라
잠3:4 그리하면 네가 하나님과 사람 앞에서 은총과 귀중히 여김을 받으리라
잠21:15 정의를 행하는 것이 의인에게는 즐거움이요 죄인에게는 패망이니라

八. 子曰 朝聞道면 夕死라도 可矣니라(里仁篇)
8. 공자께서 말씀하셨다. "아침에 도를 들으면(깨달으면) 저녁에 죽어도 좋다."

무엇이 바른 것인지, 뭐가 옳은 것인지 생각하고 그 길을 가라는 말씀입니다. 사실 어떤 때는 뭐가 옳고 바른 것인지 자체가 분명하지 않아 혼란스러울 때가 있습니다.
진리는 참된 이치 또는 참된 도리를 말합니다. 정의는 진리에 맞는 올바른 도리라고 합니다. 그 말이 그 말 같고 알 듯 하면서도 잘 와 닿지 않는 개념입니다.
시대에 따라 정의와 진리가 달라지기도 합니다. 하지만 시대와 장소에

불문하고 변하지 않는 진리도 많습니다. 솔로몬왕의 진리는 하나님의 가르침일 수 있겠으며, 공자의 진리는 도(道)일 수 있습니다.
그렇다면 우리에게 진리와 정의는 과연 무엇일까요?
옳은 것, 바른 것, 지켜야 할 것 이런 것들일 것입니다. 완전하지 않은 인간들이 이런 것들을 지키며 살기란 그다지 쉬운 일이 아닌 것 같습니다. 경우에 따라 알면서도 인간적인 비겁함과 나약함, 그리고 욕심 때문에 피해가거나 애써 눈감아 버리는 경우가 적지 않습니다.
때로는 나만 왜 지켜야 하나, 왜 굳이 내가 나서야 하나, 누군가 나설텐데 하는 등등의 생각으로 피해 가기도 합니다. 만약 모든 사람들이 이런 마음으로 살아간다면 사회는 정말 끔찍한 상태에 이르고 말 것입니다.

한 아주머니가 장을 보고 집으로 돌아오는 길에 여러 명의 학생이 한 학생을 구타하는 것을 멀찍이서 보게 되었습니다.
그 아주머니는 말릴까 말까 잠시 망설이다, 뭐 큰 일이야 있겠나 하는 생각과 함께 굳이 나서서 봉변당하는 건 아닐까 하는 생각에 애써 외면하며 종종걸음으로 집에 돌아 왔습니다.
그런데 저녁시간이 되어도, 자정이 다 되어도 아들이 집에 돌아오지 않자, 여기저기 수소문도 해봤지만 아무도 아들이 어디 있는지 아는 사람이 없었습니다.
급기야 파출소에 신고를 했고, 새벽녘이 되어서야 아들의 소식을 듣게 되었습니다. 혹시 인근 대학병원에 혼수상태가 된 학생이 하나 있는데, 아들인지 확인하러 오라는 것이었습니다.
너무도 놀랐지만 설마 하는 생각으로 가족들이 병원으로 달려갔습니다. 그런데 이게 웬 청천벽력입니까?

응급실 침대에는 자신의 아들이 산소마스크를 쓰고 사경을 헤매고 있는 것이었습니다.
아들에겐 어떤 일이 있었던 걸까요?
아들은 결국 삼 일만에 숨졌고 경찰 수사 결과 같은 반 일진 학생들이 돈을 내놓지 않는다고 집단으로 아들을 구타해 이런 일이 생겼다는 것입니다.
그런데 더 슬픈 일은 아들이 거의 서, 너 시간 길거리에 방치되어 있어서 일찍 병원에만 왔으면 충분히 살 수 있었다는 것입니다.
어머니가 오늘 오후 길에서 본 학생이 바로 자신의 아들이었기에, 아들은 엄마가 죽도록 방치한 셈이 되고 말았습니다.
더 나아가 그 길을 지나갔던 많은 사람들이 살인의 공범이나 마찬가지가 된 것입니다.
우리는 불의를 보면 맞서 싸워야 한다고 배웠습니다.
약자를 배려하고 보호하라고 가르쳤습니다.
곤경에 빠진 사람을 도우라고 말 해 왔습니다.
그런데 우리는 그 대상이 자신이나 가족의 울타리를 잘 벗어나지 못합니다.
정의와 진리!
잘 몰라서가 아니라, 자신의 안위와 이익을 위해 애써 눈 감고 사는 것은 아닌지요?

4. 자기를 돌아보라

잠3:7 스스로 지혜롭게 여기지 말지어다 여호와를 경외하며 악을 떠날지어다

四. 曾子曰 吾日三省吾身하노니 爲人謀而不忠乎아 與朋友交而不信乎아 傳不習乎애니라(學而篇)
4. 증자가 말했다. "나는 하루에 세 가지로 나 자신을 반성한다. 남을 위해 일을 꾀함에 충실히 하지 않았는가? 친구와 사귀는데 신의가 없지 않았는가? 스승에게 배운 것을 열심히 익히지 않았는가?(혹은 익히지 못한 것을 남에게 전하지 않았는가?)"

"한 점 후회없는 인생을 살리라"
"난 뒤끝이 없어"

이런 말들이 이전엔 상당히 좋게 들렸습니다.
그런데 나이가 들면 들수록 이 말이 참 교만하고 무책임한 말로 느껴집니다.
돌아보아 뭐 하나 후회없고, 부끄럼없는 삶을 사는 것이 인간에게 가능

한가요?

인간이 그렇게 완벽할 수 있나요?

인간은 지극히 불완전한 존재입니다.

그러면서도 끊임없이 완전한 존재가 되려고 노력하는 그런 존재가 아닌가요?

그렇기 때문에 항상 뒤를 돌아보아야 합니다.

어제 하루는 잘 살았는지, 잘 못한 것은 없는지, 남에게 실수한 것은 없는지, 말을 함부로 해 일을 그르치거나 남에게 상처를 준 적은 없는지 항상 살펴보아야만 다시 그런 실수를 범하지 않고 발전할 수 있기 때문입니다.

그래서 실수나 실패를 줄여 나가는 것이 인생 아닐까요?

뒤끝 없는 시어머니!

얼핏 들으면 쿨해 보입니다.

며느리 입장에서 그렇게 쿨하기만 할까요?

뒤끝이 없다는 말은 대부분 이런 경우에 쓰입니다.

어떤 일이 생겼을 때, 실컷 화내고 꾸중한 다음에 마치 아무 일도 없었다는 듯이 웃으며 생활하는 시어머니를 두고 뒤끝이 없다고 합니다.

과연 이게 좋은 태도인지 잘 모르겠습니다.

갈등이나 문제가 터져 나오면 그 과정에서 마음의 상처도 생기고 관계도 어색해 집니다.

그럼에도 불구하고 강자의 입장에서 아무 일도 없었다는 듯이 상대적 약자를 대하면 본인의 마음은 혹시 편할지 모르지만, 상대는 마냥 편하지만은 않습니다.

어쩌면 인간적인 모멸감마저 느낄지도 모릅니다.

사람은 뒤끝도 좀 있어야 합니다.
돌이켜 반성할 것은 반성하고 사과할 것은 사과하고, 상처가 아물 시간도 좀 가지는 뒤끝이 조금은 있어야 한다는 것입니다.
그래서 "한 점 후회 없는 삶"이 아니라 "후회를 줄여 나가는 삶", "부끄러운 일들이 점점 적어지는 삶", "뒤끝 좀 가지고 사는 삶"을 살아야 합니다.
그 방법은 역시 항상 자신의 삶을 돌아보는 것입니다.
가정과 학교, 그리고 직장과 사회에서의 삶을 자주 돌아보고 반성하는 삶이 짧은 인생을 좀 더 의미있게 하는 것이 아닐까요?
제가 다니던 대학의 나지막한 언덕에 윤동주 시인의 시비가 있습니다.
그 유명한 서시가 그 안에 잘 새겨져 있습니다.
오가며 아무 생각 없이 봤던 그 시의 의미가 이제 조금은 이해가 됩니다, 물론 윤동주시인의 의도와는 다를지도 모르지만.
"하늘을 우러러 한 점 부끄럼 없기를" 이 구절에 이전에는 의미를 부여했다면 이제는
"잎새에 이는 바람에도 나는 괴로워했다"가 더 많이 와 닿습니다.
그래서 이런 결론에 이르렀습니다.
"하늘을 우러러 볼 수 없을 정도로 부끄러워 나는 괴로워 한다"

서시

죽는 날까지 하늘을 우러러
한 점 부끄럼이 없기를
잎새에 이는 바람에도

나는 괴로워했다
별을 노래하는 마음으로
모든 죽어가는 것을 사랑해야지
그리고 나에게 주어진 길을
걸어 가야겠다
오늘밤에도 별이 바람에 스치운다

관련 어구

十六. 子曰 不患人之不己知오 患不知人也니라(學而篇)
16. 공자께서 말씀하셨다. "남이 자기를 알아주지 않는 것을 걱정하지 말고, 내가 남을 알지 못하는 것을 걱정해야 한다."

十四. 子曰 不患無位오 患所以立하며 不患莫己知오 求爲可知也니라(里仁篇)
14. 공자께서 말씀하셨다. "벼슬 없음을 걱정하지 말고 그 자리를 맡을 자질이 없음을 걱정하며, 자기를 알아주지 않는다고 걱정하지 말고, 알아줄 만한 실력을 갖추도록 하라."

十七. 子曰 見賢思齊焉하며 見不賢而內自省也니라(里仁篇)
17. 공자께서 말씀하셨다. "어진 사람을 보면 그와 같기를 생각해야 하며, 어질지 못한 사람을 보면 자신도 그렇지 않은지 돌아보아야 한다."

三二. 子曰 不患人之不己知오 患其不能也니라(憲問篇)

32. 공자께서 말씀하셨다. "다른 사람이 자기를 알아주지 않음을 걱정하지 말고, 자신의 능력 없음을 걱정하라."

十四. 子曰 躬自厚而薄責於人이면 則遠怨矣니라(衛靈公篇)

14. 공자께서 말씀하셨다. "자신의 잘못은 엄하게 묻고, 남의 잘못은 가볍게 물으면 원망을 사지 않는다."

二九. 子曰 過而不改 是謂過矣니라(衛靈公篇)

29. 공자께서 말씀하셨다. "잘못을 하고서도 고치지 않는 것, 그것이야말로 잘못이다."

5. 훈계(징계)를 흔쾌히 받아들이라

잠12:1 훈계를 좋아하는 자는 지식을 좋아하거니와 징계를 싫어하는 자는 짐승과 같으니라

잠12:15 미련한 자는 자기 행위를 바른 줄로 여기나 지혜로운 자는 권고를 듣느니라

十四. 子曰 躬自厚而薄責於人이면 則遠怨矣니라(衛靈公篇)
14. 공자께서 말씀하셨다. "자신의 잘못은 엄하게 묻고, 남의 잘못은 가볍게 물으면 원망을 사지 않는다."

서양 속담에 "매를 아껴라, 그러면 아이를 망칠 것이다(Spare rod, spoil the children)"라는 말이 있습니다.
솔로몬왕은 훈계나 징계의 순기능에 대해 거듭 강조하면서, 훈계를 싫어하는 존재를 짐승에 비유하기까지 합니다.
훈계란 타일러서 잘못이 없도록 주의를 주는 것이며, 징계란 부정이나 부당한 행위에 대하여 제재를 가하는 것입니다.
사실 혼나고 꾸중듣기를 좋아 하는 사람이 몇이나 있겠습니까?

저 자신도 정말 싫어합니다.
부모님이나 선생님의 훈계도 잔소리로 받아들여지는 판에 남이 하는 훈계가 뭐 그리 달갑겠습니까?
하지만 살아 보니 이런 이야기들이 다 저에게 살이 되고 피가 되었을 것들이었는데, 그 때는 다 한 귀로 듣고 한 귀로 흘려버리고 막상 세월이 흘러 많은 일들을 겪고 나서야 후회를 합니다.
저의 급한 성정과 교만함에 대해 여러 번 지적을 받았는데, 그 때는 그 말이 왜 그리 잔소리로만 들렸는지 이런 일 저런 일 다 당해보고 나서야 많은 후회를 합니다.
요즘 선생으로 먹고 살기가 참 어렵다고들 합니다.
열린 교육, 민주 교육으로 체벌도 징계도 어려워진 것 때문만이 아닙니다.
가정에서 저 마음대로 하며 자라난 아이들이 학교로 오기 때문에 도저히 통제가 안되는 경우가 많아 교육을 하기가 너무 어렵다는 것이 주된 이유입니다.
그런데 이뿐만이 아니랍니다.
학부모들의 도를 넘는 요구와 무례한 태도 때문에 정말 이 일을 계속해야 하나 하는 회의를 가지는 교사들이 상당히 많다고 합니다.
최근 명예퇴직을 신청하는 교사들이 대폭 증가하고 있습니다.
많은 언론보도가 연금제도의 개정 전에 퇴직을 하는 것이 연금수령액에 있어 유리하기 때문이라고 명퇴희망자의 증가를 설명합니다.
글쎄요,
과연 그것만으로 충분한 설명이 될까요?
태생적으로 이기적인 인간이 자식에게만은 어쩌면 저렇게 이타적인지 참 의아할 때가 많습니다.
자식을 위해 용돈을 줄이고, 이사를 가고, 이민을 가고, 집을 팔아 등록금을 대고, 기러기 아빠를 주저하지 않습니다.
눈에 넣어도 아프지 않을 정도로 이쁜 자식이기에 혼내는 것 참 쉽지 않습니다.
그런데 부모들이 간과하는 것이 있습니다.
부모가 하는 쓴 소리 한 마디, 매질 한 번이 자녀를 더 큰 욕과 더 매서운 매로부터 지켜 준다는 것입니다.
뿐만 아니라 자녀를 더 큰 존재로 만들어 줍니다.
혼이 나보지 않은 사람이 혼이 나면 견디지를 못하고 덤비거나 분을 주체하지 못해 어쩔 줄을 모르는 경우가 있습니다. 혹자는 자해행위를 하기도 합니다.
혼이 나지 않고 사는 사회생활이 가능한가요?
그럼에도 불구하고 이런 반응을 보이면 그 사람은 그 조직에서 온전히 살아가기 어렵습니다. 뿐만 아닙니다. 통제되지 않은 행동들은 조직내 위화감을 자아내고 결국 왕따가 되거나 부적응아가 되고 맙니다.
사회생활에 있어서나 학교생활에 있어 하급자나 학생들을 불러 꾸중을 하거나 훈계를 하게 되는 경우, 그 것을 받아들이는 태도를 보면서 그 사람을 판단하게 되는 경우가 많습니다. 진심으로 반성하고 수용하는 사람이 있는가 하면, 그 상황이 너무도 불쾌해서 고개는 숙이고 있지만, 불만으로 가득한 표정을 짓는 사람이 있습니다.
상급자나 선생의 입장에서 나름의 결정에 이르게 됩니다.
"아, 이 사람은 정말 괜찮은 사람이다", "얘는 정말 교육이 안되는 존재구나" 등등의 판단에 이르게 된다는 것입니다.

저의 말을 적극적으로 수용하는 사람은 더 잘해 주고 싶고, 더 많은 조언을 해주게 됩니다. 반면 어떤 사람에게는 거리를 두고 더 이상 좋은 말을 해주지 않습니다.

왜냐구요?

해 줘 봐야 듣지 않을텐데 왜 그런 쓸데없는 일을 하겠습니까?

그런데 훈계와 관련하여 유의해야 할 것이 있습니다.

훈계나 징계는 정말 교육적인 입장을 잘 견지해야 한다는 것입니다.

여러 사람 앞에서, 특히 동료들이나 그 사람의 하급자 앞에서 꾸중을 하는 것은 그 효과를 현저히 감소시킵니다.

그리고 욕설을 하거나 분노를 그대로 담아 표출해서도 안됩니다.

논리적이고, 합리적이며, 애정을 담아 작은 소리로 찬찬히 이야기해야 합니다.

다시 말해 상대가 그 말을 기꺼이 받아들이게 해야 한다는 것입니다.

참 혼내기도 어렵습니다.

관련 어구

잠1:8 내 아들아 네 아비의 훈계를 들으며 네 어미의 법을 떠나지 말라
잠1:9 이는 네 머리의 아름다운 관이요 네 목의 금 사슬이니라

잠3:11 내 아들아 여호와의 징계를 경히 여기지 말라 그 꾸지람을 싫어하지 말라
잠3:12 대저 여호와께서 그 사랑하시는 자를 징계하시기를 마치 아비가

그 기뻐하는 아들을 징계함 같이 하시느니라

잠4:13 훈계를 굳게 잡아 놓치지 말고 지키라 이것이 네 생명이니라

잠13:1 지혜로운 아들은 아비의 훈계를 들으나 거만한 자는 꾸지람을 즐겨 듣지 아니하느니라

잠13:24 매를 아끼는 자는 그의 자식을 미워함이라 자식을 사랑하는 자는 근실히 징계하느니라

잠15:32 훈계 받기를 싫어하는 자는 자기의 영혼을 경히 여김이라 견책을 달게 받는 자는 지식을 얻느니라

잠17:10 한 마디 말로 총명한 자에게 충고하는 것이 매 백 대로 미련한 자를 때리는 것보다 더욱 깊이 박히느니라

잠19:20 너는 권고를 들으며 훈계를 받으라 그리하면 네가 필경은 지혜롭게 되리라

잠19:25 거만한 자를 때리라 그리하면 어리석은 자도 지혜를 얻으리라 명철한 자를 견책하라 그리하면 그가 지식을 얻으리라

잠21:11 거만한 자가 벌을 받으면 어리석은 자도 지혜를 얻겠고 지혜로운 자가 교훈을 받으면 지식이 더하리라

잠22:6 마땅히 행할 길을 아이에게 가르치라 그리하면 늙어도 그것을 떠나지 아니하리라

잠23:12 훈계에 착심하며 지식의 말씀에 귀를 기울이라
잠23:13 아이를 훈계하지 아니하려고 하지 말라 채찍으로 그를 때릴지라도 그가 죽지 아니하리라
잠23:14 네가 그를 채찍으로 때리면 그의 영혼을 스올에서 구원하리라

잠29:15 채찍과 꾸지람이 지혜를 주거늘 임의로 행하게 버려 둔 자식은 어미를 욕되게 하느니라

잠29:17 네 자식을 징계하라 그리하면 그가 너를 평안하게 하겠고 또 네 마음에 기쁨을 주리라

二三. 子貢이 問友한대 子曰 忠告而善道之하대 不可則止하여 無自辱焉이니라(顔淵篇)

23. 자공이 친구에 대하여 묻자, 공자께서 말씀하셨다. "진심어린 충고와 선의로 인도하되, 따르지 않으면 그만두어야 한다. 그래서 욕이 돌아오지 않도록 해야 한다."

6. 치우치지 말아라

잠4:27 좌로나 우로나 치우치지 말고 네 발을 악에서 떠나게 하라

十五. 子貢이問 師與商也 孰賢이니잇고 子曰 師也는 過하고 商也는 不及이니라 曰然則師 愈與잇가 子曰 過猶不及이니라(先進篇)

15. 자공이 "사(師:자장)와 상(商:자하)중에 누가 더 지혜롭습니까?" 하고 묻자, 공자께서 말씀하셨다. "사는 지나친 편이고, 상은 모자란 점이 있다." 다시 묻기를, "그렇다면 사가 더 낫습니까?" 공자께서 말씀하셨다. "지나친 것도 모자란 것과 마찬가지다."

치우치지 말라는 말을 좀 어렵게 표현한다면 중용中庸의 도를 벗어나지 말라는 말입니다.
지나치지도 모자람도 없는 삶!
참 어려운 일입니다.
살다 보면 거의 모든 불행이나 불상사가 급(急)한 성정이나 지나침(過) 때문에 발생합니다.
완행열차보다 급행열차를 선호하고, 과속을 즐기는 현대인들에 느린 것

은 성에 잘 차지 않습니다.
뭐든 빨리 빨리를 외치고 더 높이 올라가려 하고, 더 많이 가지려 하고 현대인의 기질이 세상을 점점 더 위험하게 합니다.
교통사고의 태반은 과속이 원인입니다.
빨리 달릴 수 있는 차를 더 위험하게 만드는 것은 운전자의 급한 성격 때문입니다.
정치인들의 지나친 대립은 국가를 위험하게 하고, 부모의 급한 성격과 과도한 기대는 자녀를 망칠 수 있습니다.
지혜로운 삶을 근본적으로 위협하는 태도가 바로 급한 마음이 아닌가 싶습니다.
서두르고 재촉하는 강박관념이 결국 자신과 주변을 망치고 맙니다.
우리가 그렇게 빨리 빨리를 외치며 살지만 정작 그렇게 아껴둔 그 시간들, 과연 어떻게 사용하나요?

시골에 살다 취직을 하여 서울에 올라 간 언니에게 동생이 편지를 보내 물었습니다.
"언니, 서울 사람들은 어떻게 살아?"
"응, 서울 사람들은 엄청 바쁘게 살아. 거의 뛰다시피 걷고, 항상 입에 바쁘다는 말을 달고 살아"
이 답장을 받고 동생은 궁금했습니다.
"언니, 그렇게 바쁘게 살면서 나머지 시간은 어떻게 보내?"
"응, 낮잠 자고, 수다 떨고, TV 보고, 술 마시며, 빈둥빈둥 보내"
빨리 일마치고, 빨리 숙제하고, 빨리 수업마치고, 그 나머지 시간은 그저 그렇게 흘려보낸다는 것이겠죠.

물론 24시간을 아주 알뜰히 바쁘게 보내는 사람도 있습니다.
하지만 대부분의 사람들은 인생의 절반을 숙제하듯 보내고, 절반은 허송세월을 합니다.
어떤 일이든 서두르고 조급하게 하면 꼭 문제가 발생합니다. 아니면 뭔가 부족하게 됩니다.
글쓰기도 그렇습니다.
원고마감에 쫓겨 쓴 글은 오자나 탈자가 수두룩해지고, 문장도 매끄럽지가 않습니다. 그리고 글의 내용도 빈곤해지기 일쑤입니다.
느긋한 삶의 태도가 필요한데요, 저는 이러한 삶의 방식으로 천천히 말하고 느리게 걷기를 권장합니다.
말을 느리게 하면, 욕설이나 격한 말을 하기가 쉽지 않습니다. 뿐만 아니라 상스러운 말도 하기 어렵습니다. 또 말의 총량이 적어져 실수할 경우도 적습니다.
이런 차원에서 차도 천천히 모는 것이 좋습니다.
빠르지도, 지나치지도, 모자라지도 않고 어느 한 쪽으로 치우치지 않는 삶.
당신은 어느 쪽으로 기울어져 있습니까?
반대편으로 삶의 무게중심을 이동시켜 어느 한 편으로 기울어진 삶의 균형을 잡아 보십시오.

치우친다는 말 자체가 기울어짐, 불안정함의 의미를 연상시킵니다. 반면 중용이라는 말은 균형잡힘, 안정됨을 느끼게 합니다. 하니 치우치지 말아야 합니다.

관련 어구

十五. 子貢이 曰貧而無諂하며 富而無驕하되 何如하니잇고 子曰 可也나 未若貧而樂하며 富而好禮者也이니라(學而篇)

15. 자공이 말했다. "가난하면서도 아부하지 않고, 부유해도 교만하지 않는다면 어떻습니까?" 공자께서 말씀하셨다. "괜찮다만 가난하면서도 도를 즐기고, 부유하지만 예를 좋아하는 것만은 못하다."

二一. 子曰 不得中行而與之인댄 必也狂乎인저 狂者는 進取오 者는 有所不爲也니라(子路篇)

21. 공자가 말씀하셨다. "중도(中道)를 실천하는 사람과 함께 하지 못한다면, 필히 뜻이라도 높거나 행동이 분명한 사람과 같이하리라! 뜻이 높은 사람은 진취적이고, 행동이 분명한 사람은 함부로 하지 않는다."

十四. 子曰 君子食無求飽하며 居無求安하며 敏於事而愼於言이오 就有道而正焉이면 可謂好學也已니라(學而篇)

14. 공자께서 말씀하셨다. "군자는 먹을 때 배부름을 구하지 않으며, 거처함에 편안함을 구하지 않으며, 일할 때는 민첩하면서도 말을 조심하고, 도가 있는 사람에게 나아가 자기의 잘못을 고친다면 가히 배우기를 좋아한다고 할 수 있다."

7. 부지런히 살아라

잠13:4 게으른 자는 마음으로 원하여도 얻지 못하나 부지런한 자의 마음은 풍족함을 얻느니라

一. 子路問政한대 子曰 先之勞之니라 請益한대 曰 無倦이니라(子路篇)
1. 자로가 정치에 대해 묻자, 공자가 말씀하셨다. "솔선수범하고 위로해야 한다." 한 말씀 더 해달라고 청하자, 공자가 말씀하셨다. "게으르지 말아라."

부지런히 살아라.
더 이상의 설명이 필요 없는 명제입니다.
"인생의 비극은 대부분 실패가 아닌 현실 안주에서, 너무 많은 일을 하는 것이 아닌 너무 적은 일을 하는 것에서, 또 능력 이상으로 사는 것이 아닌 능력 이하로 사는 것에서 비롯된다"는 벤저민 메이스(인권 운동가)의 말도 결국 부지런히, 열심히 살아야 한다는 의미일 것입니다.
주위를 둘러보면 참 부지런한 사람들 많습니다.

강의 열심히 하고, 연구 많이 하고, 가장 노릇 잘하고, 사회활동도 열심히 하고, 또 취미생활도 거르지 않고, 게다가 사교생활도 잘 하는 사람들 있습니다. 주 7일을 어찌나 알뜰하게 잘 사용하는지 부럽기도 한 사람들 종종 봅니다. 천성이 그다지 부지런한 것과는 거리가 멀어 이런 사람들 보면 참 대단하다는 생각을 하게 됩니다.

세상을 잘 살기 위해서는 알아야 할 것도 많고 배워야 할 것도 꽤 많습니다.
하지만 부지런의 대상과 정도에 대해서는 생각해 볼 부분이 있습니다.
우리 주위에는 "슈퍼맨"처럼 사는 사람들이 있습니다.
남편으로서, 아버지로서, 직장인으로서, 동호인으로 모든 역할에 최선을 다해야 한다는 사명감으로 똘똘 뭉쳐 사는 사람들이 있습니다. 그런데 이렇게 살려고 하다 보니 그 스트레스도 상당해 보입니다.
출근해서는 미친 듯이 일하고, 퇴근 이후에는 상가다 집들이다 열심히 찾아 다니고, 집에 와서는 아이들 숙제 봐주고, 주말에는 아내와 자녀와 또 열심히 다니고. 어떤 이들은 여기에 더해 골프, 등산, 스킨 스쿠버 다이빙, 축구 등등 취미활동까지 열심히 합니다.
참 열심히, 부지런히, 그리고 참 알뜰하게 인생을 살아가는 사람들입니다.
그런데 이렇게 모든 일에 부지런하게 살면서 정작 놓치거나 잃어버리고 사는 것은 없는지 돌아 볼 필요가 있습니다.
이런 생활 자체를 하나의 사명감으로 하고 있는 것은 아닌지, 진심으로 사랑하고 즐기고 있는 것인지 생각해 봐야 한다는 것입니다. 또 이러한 삶속에서 정작 자신을 위한 삶은 없는 것이 아닌지 돌아봐야 합니다.

인생은 해야만 하는 일들과 하고 싶은 일들로 이루어져 있습니다. 바람직한 것은 해야만 하는 일들과 하고 싶은 일이 일치하는 것이겠고, 차선은 하고 싶은 일들이 해야만 하는 일들보다 더 많은 부분을 차지하는 것일 것입니다.

직장이 오로지 호구지책에 불과한 곳이기 보다 재미있고 신나는 일을 하는 곳이면 좋겠고, 아이들과 노는 것이 놀아 주는 일이 아니라 같이 즐기는 것이면 더 좋을 것입니다. 아내와의 장보기가 아내를 위한 사역이기 보다 같이 있는 것이 좋아서 하는 행사면 더 좋을 것입니다.

여러분은 신나게 축제처럼 인생을 즐기고 있나요, 아니면 부지런히 숙제나 하고 있나요?

관련 어구

잠6:6 게으른 자여 개미에게 가서 그가 하는 것을 보고 지혜를 얻으라
잠6:7 개미는 두령도 없고 감독자도 없고 통치자도 없으되
잠6:8 먹을 것을 여름 동안에 예비하며 추수 때에 양식을 모으느니라

잠12:27 게으른 자는 그 잡을 것도 사냥하지 아니하나니 사람의 부귀는 부지런한 것이니라

잠21:5 부지런한 자의 경영은 풍부함에 이를 것이나 조급한 자는 궁핍함에 이를 따름이니라

8. 욕심을 줄여라

잠23:5 네가 어찌 허무한 것에 주목하겠느냐 정녕히 재물은 <u>스스로</u> 날개를 내어 하늘을 나는 독수리처럼 날아가리라

十五. 子曰 飯疏食飮水하고 曲肱而枕之라도 樂亦在其中矣니 不義而富且貴는 於我에 如浮雲이니라(述而篇)

15. 공자께서 말씀하셨다. "거친 밥을 먹고, 맹물을 마시고 팔을 베고 눕더라도, 즐거움이 또한 그 가운데 있다. 의롭지 않은 부와 명예는 나에게 뜬구름과 같은 것이다."

우리 주위를 둘러보면 지나치게 계산적인 사람들이 꼭 있습니다. 한마디로 말해 인색한 사람들이 꽤 있습니다.

인색하다는 개념은 "있는 사람이 왜 저렇게까지", "부자면서 왜 저래?", "저 정도는 아닌데"라는 생각을 전제로 하고 있습니다. 꽤 사는 사람이 죽어도 손해는 안보겠다는 태도를 보일 때 우리는 '인색하다'고 하지, 가난한 사람이 그러는 것을 '인색하다'고 하지는 않습니다.

코이케 류노스케라는 스님은 그의 책「버리고 사는 연습」에서 인색한 사

람은 자신뿐만 아니라 주위 사람들도 불행하고 불쾌하게 만든다고 합니다.

왜 그럴까요?

인색한 사람들은 자신의 돈을 지키기 위해 엄청나게 머리를 굴려야 하고, 상당히 뻔뻔해져야 합니다. 스트레스없이 인색하기는 쉽지 않을 것입니다.

그럼 그의 상대방은 어떨까요?

상당수의 사람들이 이 사람에게 매번 손해보는 것이 싫어 마찬가지로 상당한 노력을 기울일 것입니다. 대부분은 그 사람과 가능한 함께 하려 하지 않을 것입니다. 누가 매번 손해를 감수하고자 하겠습니까?

그런데 솔로몬왕이나 공자는 재물이나 부라는 것이 그 정도의 가치가 없는 것이라고 합니다. 왜냐 하면 이것이 삶의 궁극적인 가치가 될 수 없기 때문이며, 또 채워지지 않는 욕망이며 추구하면 할수록 삶을 공허하게 만들기 때문입니다.

게다가 이런 욕심이 사람들을 분쟁에 휘말리게 할 뿐만 아니라, 처참한 결과에 이르게도 합니다.

여러분도 잘 아시는 한 사건의 기사입니다.

"수천억원대 60대 재력가를 살인교사한 혐의로 구속기소된 김형식(44) 서울시의원이 국민참여재판으로 진행된 재판에서 무기징역을 선고받았다.

27일 서울남부지법 형사합의11부(부장판사 박정수)는 살인교사 혐의로 기소된 김 의원에 대해 무기징역을 선고했다. 또 함께 기소된 공범 팽모(44·구속기소)씨에 대해서는 징역 25년을 선고했다.

김 의원에 대한 선고는 지난 20일 오전 9시30분부터 6일간 국민참여재판으로 진행된 후 27일 오후 7시50분쯤 내려졌다.
배심원들은 약 2시간에 가까운 평의 끝에 만장일치 의견으로 유죄로 평결했다. 이에 대해 재판부는 배심원들의 의견에 따라 김 의원에 대해 유죄를 선고했다.
김 의원은 지난 2010~2011년 재력가 송모씨로부터 빌딩 용도변경 대가로 5억여원의 금품과 접대를 받았지만 도시계획 변경안 추진이 무산되자 10년지기 친구인 팽씨를 시켜 송씨를 살해한 혐의로 지난 7월22일 구속기소됐다"(news1뉴스, 2014/10/27).

이 사건은 결국 더 가지려는 사람의 심리를 이용해 자신의 욕망을 채우려 했던 사람들이 만들어 낸 비극적인 사건입니다.
관련된 세 사람은 죽거나, 평생을 감옥에서 보내게 됐고 그 동안 이루었던 모든 것들을 잃어버리게 되었습니다.
이처럼 재물이나 돈에 대한 지나친 욕망은 사람들의 영혼과 육신, 그리고 관계를 망치는 경우가 적지 않습니다.
여러분은 그래도 더 많이 가지고 싶습니까?

관련 어구

잠23:4 부자 되기에 애쓰지 말고 네 사사로운 지혜를 버릴지어다

잠28:25 욕심이 많은 자는 다툼을 일으키나 여호와를 의지하는 자는 풍

족하게 되느니라

九. 子曰 士志於道而恥惡衣惡食者는 未足與議也니라(里仁篇)
9. 공자께서 말씀하셨다. "선비가 도에 뜻을 두고도, 낡은 옷과 나쁜 음식을 부끄러워하면, 더불어 도를 논하기에 충분하지 않다."

九. 子曰 賢哉라 回也여 一簞食와 一瓢飲으로 在陋巷을 人不堪其憂어늘 回也 不改其樂하니 賢哉라 回也여(雍也篇)
9. 공자가 말씀하셨다. "어질도다. 회여! 한 그릇 밥과 한 바가지 물로 누추한 곳에 사는 것을, 남들은 그런 괴로움을 견디지 못하는데 회가 그 즐거움을 고치지 아니하니, 어질도다. 회여!"

十七. 子夏爲父宰로 問政한대 子曰 無欲速하며 無見小利니 欲速則不達하고 見小利則大事不成이니라(子路篇)
17. 자하가 거보라는 지방의 원님이 되어 공자에게 정치하는 법을 묻자, 공자가 말씀하셨다. "빨리 하려 하지 말며, 작은 이익을 따지지 말아야 한다. 빨리 하려고 하면 일이 제대로 되지 못하고, 작은 이익을 따지면 큰일을 할 수 없다."

9. 정직하게 살아라

잠11:3 정직한 자의 성실은 자기를 인도하거니와 사악한 자의 패역은 자기를 망하게 하느니라

四. 孔子曰 益者 三友오 損者 三友니 友直하며 友諒하며 友多聞이면 益矣오 友便碧하며 友善柔하며 友便佞이면 損矣니라(季氏篇)
4. 공자께서 말씀하셨다. "이로운 벗이 셋이 있고, 해로운 벗이 셋이 있다. 정직한 벗과 미더운 벗과 지식이 많은 벗은 이로우나, 편벽된 벗과 줏대없이 남의 비위나 맞추는 벗과 말만 잘하며 아첨하는 벗은 해로울 뿐이다."

"잠11:1 속이는 저울은 여호와께서 미워하시나 공평한 추는 그가 기뻐하시느니라."
예나 지금이나 저울을 속이는 일이 참 많았나 봅니다.
성경 말씀에까지 이런 표현이 있으니 말입니다.
사람들은 이런 유혹을 많이 느끼는 모양입니다.
좀 더 쉽게 좀 더 많이 얻기 위해 저울을 속이는 일, 이 정도는 사실 아무 것도 아닌 일들이 우리 주위에서 벌어집니다.

더 많은 이윤을 위해 불량 부속을 납품하여 국가를 엄청난 위험에 처하게 하는 일들, 너무도 쉽게 자주 접합니다.
원전 부품, 구축함 부품, 전투기 부품, 레이더, 방탄복 등등 인간의 생명, 국가의 안위가 걸린 일에 부정한 협잡이 이루어지고 있습니다.
개인에게는 수천만원, 수억원의 이익이 될지 모르지만, 이로 인해 발생할 수 있는 피해는 상상을 초월합니다.
원전이 정지되거나 폭파한다면, 전투기가 추락하고, 구축함이 침몰한다면 또 그로 인해 우리 국가의 운명이 바뀐다면 상상하기도 싫은 결과를 맞이하게 되는 것입니다.
정직하다는 것은 마음에 거짓이나 꾸밈이 없이 바르고 곧다는 의미입니다.
그러니까 단순히 사실만을 말한다는 의미뿐만 아니라 사실을 과장하거나 왜곡하지 않는 것이 정직한 것입니다.
이런 측면에서 지나친 아부나 아첨도 정직하지 않은 행위라는 것입니다.
나이가 들면 들수록 낯간지럽지만 자신을 띄워 주거나 즐겁게 해주는 말에 귀가 많이 기울여 집니다. 어떤 때는 뻔한 이야기인데도 듣기 싫지 않을 때가 있을 정도입니다.
그런데 이런 말 잘 하는 사람들, 그다지 좋은 사람들 아닌 것 같습니다. 자신에 대한 경계심과 겸손함에 상당한 손상을 입히는 작용을 하기 때문입니다. 그다지 잘 나지도 않았고, 그다지 잘 하지도 않은 일에 극찬을 듣다 보면 스스로 자만에 빠지거나 겸손의 미덕을 잃어버리게 합니다.
그렇다고 항상 비판만 하는 친구도 참 그렇습니다. 한 두 번도 아니고 만날 때 마다 이것 저것 지적을 해대면 정말 만나기 싫습니다. 그런 이유에

선지 공자는 지나친 지적도 삼가라고 말하고 있나 봅니다.

관련 어구

잠2:21 대저 정직한 자는 땅에 거하며 완전한 자는 땅에 남아 있으리라

잠11:6 정직한 자의 공의는 자기를 건지려니와 사악한 자는 자기의 악에 잡히리라

잠12:5 의인의 생각은 정직하여도 악인의 도모는 속임이니라
잠12:6 악인의 말은 사람을 엿보아 피를 흘리자 하는 것이거니와 정직한 자의 입은 사람을 구원하느니라

잠16:13 의로운 입술은 왕들이 기뻐하는 것이요 정직하게 말하는 자는 그들의 사랑을 입느니라

10. 겸손하라

잠18:12 사람의 마음의 교만은 멸망의 선봉이요 겸손은 존귀의 길잡이니라

四. 子 絶四러시니 毋意毋必毋固毋我러시다(子罕篇)
4. 공자는 네 가지를 끊어 버렸는데, 자의로 판단하지 않았고, 덮어놓고 하지 않았고, 고집부리지 않았고, 자기중심적으로 행동하지 않았다.

어릴 적부터 어머니에게 줄곧 듣던 충고 가운데 하나가 '겸손하라'는 말이었습니다. 왜 그러셨는지 그 땐 잘 몰랐습니다. 제가 너무 남들 앞에 나대서 그런지 아니면 더 사랑받고 살라고 그러셨던 것인지 그 땐 이해가 되지 않았지만, 나이가 들어 어머니의 말씀이 정말 가슴에 와 닿습니다.
제가 좀 많이 건방지고 잘 나서는 반면, 또 저처럼 행동하는 사람은 참 싫은 걸 보니 사람은 대부분 교만한 사람을 싫어하는 모양입니다.

"인생은 겸손에 대한 오랜 수업이다."라는 제임스 배리의 말에 단 1초의 망설임도 없이 고개를 끄덕이게 되는 것을 보면, 겸손이 인간에게 얼마나 중요한 덕목인가를 제가 실감하고 있다는 반증일 것입니다.
반대로 교만이 인간을 얼마나 피폐하게 만드는지도 주위에서 자주 보게 됩니다.
"신이 파괴하고 싶다고 생각하는 사람이 있을 때, 신은 그에게 유망한 인재라고 말한다."
비평가인 시릴 코널리가 한 말입니다.
그리스 시인 테오그니스도 친구에게 이와 유사한 내용의 편지를 썼습니다. "쿠르노스, 신이 없애버리고 싶은 사람이 있을 때 신이 맨 먼저 그 사람에게 주는 것이 자만심이라네"
이런 사람들의 말들이 아니더라도 겸손한 사람들이 사람들에게 사랑과 인정을 받고, 교만한 사람들이 미움을 받는 것은 너무도 쉽게 볼 수 있습니다.
이러한 맥락에서 "하늘의 도는 꽉 찬(滿) 것을 일그러뜨려 겸손한 자를 보태주고, 사람은 찬 (滿)것을 싫어하고 겸손한 자를 좋아한다" 『주역』의 경구도 되새겨 볼 만 합니다.
겸손이란 말의 사전적 의미를 보면 '겸손은 남을 존중하고 자기를 내세우지 않는 태도"를 말합니다. 굳이 겸손의 반대말을 찾는다면 아마도 교만, 거만 정도를 생각해 볼 수 있습니다. 교만은 겸손함이 없이 잘난 체하여 방자하고 버릇이 없음을 일컫는 말입니다.
그러니까 겸손은 그저 굽신거리는 것이나 말이 적은 것, 상대의 의견에 무조건 따르는 것 정도의 태도는 아닙니다. 상대의 의견을 잘 듣지만 아닌 것은 아니라고 하되, 상대의 심기를 다치지 않기 위해 노력하는 태도, 기분좋게 설득하는 태도, 그러면서 무엇인가를 이루어 나가는 총체적인 행태가 될 것입니다.

참 어렵습니다.

그럼, 실제 우리가 할 수 있는 겸손의 방법을 생각해 보면, 일단 경청하는 것과 적게 말하는 것에다 자기 자랑이나 남의 험담을 하지 않는 것 정도가 떠오릅니다.

솔로몬과 공자 모두 겸손에 대해 강조합니다.

겸손, 특히 잘난 사람의 '겸손' 정말 쉽지 않습니다.

특히 나이 많고 배운 것 많은데다, 지위까지 높은 경우 겸손하기 참 쉽지 않습니다.

관련 어구

잠11:2 교만이 오면 욕도 오거니와 겸손한 자에게는 지혜가 있느니라

잠13:10 교만에서는 다툼만 일어날 뿐이라 권면을 듣는 자는 지혜가 있느니라

잠16:19 겸손한 자와 함께 하여 마음을 낮추는 것이 교만한 자와 함께 하여 탈취물을 나누는 것보다 나으니라

잠22:4 겸손과 여호와를 경외함의 보상은 재물과 영광과 생명이니라

五. 子 使漆雕開로 仕하신대 對日 吾斯之未能信이로이다 子 說하시다(公冶長篇)

5. 공자께서 칠조개에게 벼슬길에 나서라 그가 대답하기를, "저는 벼슬할 자신이 없습니다." 라고 했다. 그러자 공자께서 기뻐하였다.

十七. 子日 學如不及이오 猶恐失之니라(泰伯篇)

17. 공자께서 말씀하셨다. "학문을 할 때에는 아무리 해도 따라잡지 못할 듯이 하고, 그 후에는 오히려 배운 것을 잃어버릴까 두려워해야 한다."

七. 子日 吾有知乎哉아 無知也로라 有鄙夫問於我호대 空空如也라도 我叩其兩端而竭焉하노라(子罕篇)

7. 공자께서 말씀하셨다. "내가 아는 것이 무엇이 있는가? 아는 것이 없다. 어느 비천한 사람이 나에게 묻는다면, 머리가 텅 빈 듯 비록 아는 것이 전혀 없더라도, 나는 그 질문의 처음부터 끝까지 다 드러내어 나의 생각을 자세히 일러줄 뿐이다."

二二. 子日 後生이 可畏니 焉知來者之不如今也리오 四十五十而無聞焉이면 斯亦不足畏也已니라(子罕篇)

22. 공자께서 말씀하셨다. "젊은 후배들이 가히 두려워 할 만하다. 그들이 앞으로 지금의 우리만 못할 것이라고 어찌 단정하겠는가. 그러나 사오십세가 되어도 명성이 들리지 않으면 이는 두려워 할 것이 못된다."

11. 서두르지 말라

잠12:16 미련한 자는 당장 분노를 나타내거니와 슬기로운 자는 수욕을 참느니라

八. 子曰 君子不重則不威니 學則不固니라 主忠信하며 無友不如己者요 過則勿憚改니라(學而篇)
8. 공자께서 말씀하셨다. "군자가 언행이 무겁지 않으면 곧 위엄이 없으니 배운 것도 곧 견고하지 못하게 된다(이루지 못함). 성심과 신의를 주로 해야 하며, 자기보다 못한 사람을 벗으로 삼지 말고, 잘못이 있으면 곧 고치기를 꺼리지 말아야 한다."

한국 사람들 참 성질 급하죠. 저는 그 가운데에서도 선두 그룹에 속하는 사람이었습니다. 말도 빠르고, 걸음도 빠르고, 다혈질에 화도 쉽게 잘 내는 그런 사람이었습니다. 제가 과거형으로 말하는 것은 지금은 이전에 비해 좀 덜 하기 때문입니다. 나이가 들어 그렇게 된 측면도 있지만 의도적인 노력의 결과, 조금은 덜 급하게 삽니다.
그 이유는 간단합니다.
급해서 좋은 것이 별로 없었기 때문입니다.

대한민국의 현대사는 속도를 빼고 설명하기 어렵습니다.
우리나라의 발전을 이야기 할 때 가장 자주 붙는 접두어들을 보면, '비약', '최단시간' 등 속도가 강조되는 것들입니다. '한강의 기적'이란 것이 결국 남들이 수 백 년 걸린 성과를 수 십 년만에 이루었기 때문에 기적이라고 하는 것 아니겠습니까?
그런데 이러한 기적의 끝에는 상당한 대가도 따랐습니다.
급하게 만든 다리(성수대교)는 무너져 수 십 명의 사상자가 발생하였고, 경부고속도로는 도로 건설비의 수 십 배가 보수비로 투입되었고, 삼풍백화점의 붕괴는 한국전쟁 이후 가장 많은 사상자를 낳았습니다.
이뿐입니까?
급하게 성장한 기업은 무섭게 불린 자신의 무게를 견디지 못해 수도 없이 무너졌으며, 미성숙한 노사관계는 기업과 경제 성장에 큰 걸림돌이 되고 말았습니다. 지난 반세기의 성장후유증을 너무도 심하게 앓고 있는 것입니다.
외국의 한 연구 논문에 따르면 그 나라의 가장 번화한 거리를 걷는 사람들의 보행속도와 경제성장이 비례한다고 합니다. 분명 일리가 있어 보이는데, 후속 연구로 이러한 발걸음 속도가 경제성장의 양적인 부분만이 아니라 질적인 부분에 어떠한 영향을 미치는가를 알아보면 그다지 긍정적인 결과나 평가가 나오기는 쉽지 않을 것으로 예상됩니다.
국가나 사회적인 측면에서만이 아니라 개인적인 측면에서도 조급함이 부정적인 것은 자신과 주변에서 너무도 쉽게 발견할 수 있습니다.
조급함은 말을 빠르고 많이 하게 하고, 화를 쉽게 내게 합니다. 걸음도 빠르며, 음식도 빨리 먹게 합니다. 당연히 말실수를 하기 쉽고, 넘어지기 쉬우며, 또 체하기 쉽습니다. 조급하게 내뱉은 말의 부작용은 너무도 다양합니다. 한 번 해버린 말을 주워 담을 수 없으니 이것이야 말로 정말 대형사고의 뇌관이 될 수 있습니다.

관련 어구

잠20:22 너는 악을 갚겠다 말하지 말고 여호와를 기다리라 그가 너를 구원하시리라

잠25:8 너는 서둘러 나가서 다투지 말라 마침내 네가 이웃에게서 욕을 보게 될 때에 네가 어찌할 줄을 알지 못할까 두려우니라

十七. 子夏爲父宰로 問政한대 子曰 無欲速하며 無見小利니 欲速則不達하고 見小利則大事不成이니라(子路篇)

17. 자하가 거보라는 지방의 원님이 되어 공자에게 정치하는 법을 묻자, 공자가 말씀하셨다. "빨리 하려 하지 말며, 작은 이익을 따지지 말아야 한다. 빨리 하려고 하면 일이 제대로 되지 못하고, 작은 이익을 따지면 큰일을 할 수 없다."

十. 子 謂顔淵曰 用之則行하고 舍之則藏을 惟我與爾 有是夫인저 子路曰 子行三軍則誰與시리잇고 子曰 暴虎馮河하야 死而無悔者를 吾不與也니 必也 臨事而懼하며 好謀而成者也니라(述而篇)

10. 공자께서 안연에게 말했다. "벼슬에 등용되면 도를 실천하고, 버림받으면 은둔하는 것은 너와 나만이 할 수 있을 것이다." 자로가 말했다.

"삼군을 거느리신다면 누구와 함께 하시겠습니까?" 공자께서 말씀하셨다. "맨손으로 호랑이를 때려잡고, 맨몸으로 하수를 헤엄쳐 건너다가 죽어도 후회가 없다는 사람은 내가 함께 하지 않을 것이다. 반드시 어떤 일에 닥쳐서 조심하고 세밀히 계획 짜기를 좋아하여 목적을 달성할 수 있는 사람과 같이 할 것이다."

12. 신중하라

잠29:20 네가 말이 조급한 사람을 보느냐 그보다 미련한 자에게 오히려 희망이 있느니라

四. 子 絶四러시니 毋意毋必毋固毋我러시다(子罕篇)
4. 공자는 네 가지를 끊어 버렸는데, 자의로 판단하지 않았고, 덮어놓고 하지 않았고, 고집부리지 않았고, 자기중심적으로 행동하지 않았다.

"작은 일에 대해 의사결정을 할 때는 '예/아니오'를 그 자리에서 명쾌하게 말해주십시오!
하지만 큰일에 대해서는 결정을 미루십시오.
작은 일을 결정하면서 시간을 끌면 무능하다고 생각하고, 큰일에 대해서 너무 빨리 결정을 내리면 신중하지 못하다고 생각할 것입니다."
32세에 육군 참모총장이 된 한국전쟁의 영웅 백선엽장군이 충고를 부탁하자 밴 플리트장군이 한 말이라고 합니다.

결국 '신중하게 행동하라'는 것인데요, 바로 앞에서 언급한 '서두르지 마라, 참아라'의 대척점 또는 대안이 바로 '신중하라'라고 할 수 있습니다. '신중하다'라는 말을 풀어 보면, '무겁다, 삼가다, 조심스럽다' 등의 의미가 이 안에 담겨 있는데요, 그렇기 때문에 분명한 것은 '가벼이 행하지 않는다'는 것입니다.

솔로몬과 공자는 신중하지 못하고 급한 사람을 매우 미련한 사람보다 더 못한 존재로 생각합니다. 저도 이런 입장에 적극 동의합니다. 조직 생활을 하다 보면, '똑똑한데 부지런한 사람', '똑똑한데 게으른 사람', '멍청한데 부지런한 사람', '멍청한데 게으른 사람' 이렇게 크게 네 부류가 있습니다.

그럼 이 가운데 가장 부정적인 구성원은 어떤 부류의 사람일까요?

당연 '멍청한데 부지런한 사람'입니다. 이 때 부지런하다는 의미는 '급하게 나서는 사람', '열심히 하는데 이로 인해 새로운 문제를 만드는 사람', '일만 하면 그 뒤처리를 해주는 사람이 꼭 필요한 사람' 등을 일컫습니다.

군 생활을 해본 사람들은 '발목지뢰'에 대해 잘 알 것입니다. 발목지뢰는 적을 죽이는 것이 아니라 부상만 입게 만들어 이 부상자를 돌 볼 병력이 필요하게 하여 전력의 손실을 낳게 하는 무기입니다.

조직에 이런 부상자가 많으면 당연히 위험하게 됩니다. 그러므로 신중하게 행동하지 않고 무턱대고 덤벼 조직을 위태롭게 하는 '지나치게 부지런한 사람'은 결국 자살폭탄과도 같습니다.

그럼 신중함을 기르는 방법은 없을까요?

타고난 본성 때문에 쉽지 않은 사람도 있겠으나, 이 또한 의식적으로 노력하면 나아질 수 있습니다.

'천천히'가 제가 발견한 답입니다.
천천히 말하고, 천천히 걷고, 천천히 식사하고, 천천히 생각하는 버릇이 조급함을 줄이고 신중함 길러 줄 수 있습니다.
의도적으로 이렇게 해보십시오, 그리고 이런 습관이 몸에 배도록 해보십시오.
그럼 여하튼 많이 나아집니다.

관련 어구

잠2:11 근신이 너를 지키며 명철이 너를 보호하여
잠2:12 악한 자의 길과 패역을 말하는 자에게서 건져 내리라

二. 子曰 恭而無禮則勞하고 愼而無禮則하고 勇而無禮則亂하고 直而無禮則絞니라 君子 篤於親則民興於仁하고 故舊를 不遺則民不偸니라(泰伯篇)
2. 공자께서 말씀하셨다. "공손하면서도 예가 없으면 헛되이 수고롭기만 하고, 신중하면서 예가 없으면 두려움만 가지게 되고, 용감하면서도 예가 없으면 어지럽게만 하고, 강직하면서 예가 없으면 박절하게 된다."

二七. 子曰 衆惡之라도 必察焉하며 衆好之라도 必察焉이니라(衛靈公篇)
27. 공자께서 말씀하셨다. "많은 사람들이 다 그를 미워하더라도 반드시 살펴보아야 하며, 많은 사람들이 다 그를 좋아하더라도 자세히 살펴보아야 한다."

13. 착하고 어진 사람이 되라

잠11:27 선을 간절히 구하는 자는 은총을 얻으려니와 악을 더듬어 찾는 자에게는 악이 임하리라

三. 子曰 人而不仁이면 如禮에 何며 人而不仁이면 如樂에 何리오(八佾篇)
3. 공자께서 말씀하셨다. "사람이 어질지 아니하면 예와 같은 것이 무슨 소용이 있으며, 사람이 어질지 아니하면 악(樂)은 또 무슨 소용이리오?"

착하다라는 말은 '언행이나 마음씨가 곱고 바르며 상냥하다'의 의미가 담겨 있습니다. 또 어질다라는 말의 사전적 의미는 '마음이 너그럽고 착하며 슬기롭고 덕행이 높다'입니다.
어질다는 말이 한자 仁에 대한 설명이니 이렇게 많은 의미를 담고 있는 것이 당연해 보이는데, 착하다는 우리말이 이런 많은 의미를 지니고 있는지는 몰랐습니다.
착하고 어진 사람은 마음만이 아니라 행동에도 이런 본성이 나타납니

다. 남의 기쁨과 아픔에 공감하는 사람, 가난하고 약한 사람들에 대한 배려심을 가진 사람, 이러한 감정을 말과 행동으로 표현할 수 있는 사람이 결국 착하고 어진 사람이라 할 수 있는데요, 이를 한 단어로 굳이 표현한다면 '이타적인 사람', '사랑과 배려심을 가진 사람' 정도가 아닐까 싶습니다.

이런 사람 당연히 사랑받고, 칭찬받습니다.

'착한 사람'이라구요.

이런 사람의 곁에는 사람이 모여 듭니다.

좋은 사람들도 모이지만, 이런 사람의 후의를 이용해 먹으려는 나쁜 사람들도 모여 듭니다.

그래서 착하게 살기가 어려운가 봅니다.

착한 사람의 행동에는 '사랑'의 감정이 묻어 있습니다. 사람에 대한 사랑이 없이는 착할 수 없다는 것입니다.

뿐만 아니라 '착함'에는 '참음'이 존재합니다.

참는다는 것은 이해하고 양보하고 받아들인다는 것으로, 이것이 없이 착하기란 아주 어렵습니다.

이러니 착한 사람 만나기가 쉽지 않고 착하게 살기도 어렵습니다.

이보다 더 안타까운 것은 착한 사람들을 계속 착하기 살기 어렵게 하는 사람들이 많다는 것입니다.

이들의 착한 심성에 상처를 입히거나, 이들을 이용해 먹기도 하며, 그들이 앞으론 이렇게 살지 말아야지 하는 독한 마음을 품게 하는 사람들이 적지 않습니다.

그럼에도 불구하고 우리는 착하게 어질게 살아야 합니다. 약간은 생각을 해가면서요.

악하고 모진 사람들에게 항상 당하는 착한 사람이 아니라, 지혜로운 착한 사람이 되어야 합니다.
약한 자를 돕고, 선한 일을 도모하며, 세상에 빛을 더하는 사람이 되도록 노력합시다.

관련 어구

잠19:6 너그러운 사람에게는 은혜를 구하는 자가 많고 선물 주기를 좋아하는 자에게는 사람마다 친구가 되느니라

잠19:17 가난한 자를 불쌍히 여기는 것은 여호와께 꾸어 드리는 것이니 그의 선행을 그에게 갚아 주시리라

二. 子曰 不仁者는 不可以久處約이며 不可以長處樂이니 仁者는 安仁하고 知者는 利仁이니라(里仁篇)

2. 공자께서 말씀하셨다. 어질지 못한 사람은 곤궁에도 오래 처하지 못하며 안락함도 오래 누리지 못한다. 하지만 어진 사람은 仁을 편안하게 여기고 지혜로운 사람은 인을 이롭게 생각한다.

三. 子曰 惟仁者아 能好人하며 能惡人이니라(里仁篇)

3. 공자께서 말씀하셨다. 오직 어진 사람만이 사람을 좋아하고 또 사람을 미워할 수 있다.

四. 子曰 苟志於仁矣면 無惡也니라(里仁篇)

4. 공자께서 말씀하셨다. "사람이 진심으로 인에 뜻을 두면 악을 행하지는 않을 것이다."

二五. 子曰 德不孤라 必有隣이니라(里仁篇)

25. 공자께서 말씀하셨다. "덕이 있는 사람은 외롭지 않으니, 반드시 이웃이 있게 마련이다."

14. 믿을 만한 사람이 되라

二二. 子曰 人而無信이면 不知其可也케라 大車無輗 小車無軏이면 其何以行之哉리오(爲政篇)

22. 공자께서 말씀하셨다. "사람에게 신실함이 없으면 그 가능성을 알기 어렵다. 큰 수레의 끌채 끝에 멍에걸이가 없고, 작은 수레의 끌채 끝에 멍에걸이가 없다면 수레가 어떻게 앞으로 갈 수 있겠느냐."

우리는 거짓을 말하지 않고 진심을 담아 말하며 말과 행동이 일치하는 사람을 믿음직하다고 합니다.
자신이 믿을 만한 사람이 되는 것이 중요하지만, 이런 사람을 알아보고 가까이 하는 것도 중요해 보입니다.
과연 어떤 사람이 믿을 만한 사람일까요?
생각해 보면, 내가 어려울 때 반드시 나를 도울 것 같은 사람, 내가 즐거울 때 나와 함께 기뻐해 줄 사람, 나와 같이 울어 줄 사람, 언제든 나와 시간을 함께 할 수 있는 사람 등등 다양한 부류가 있을 수 있습니다. 그런데 믿을 만한 사람에게도 등급이 있어 보입니다.

가장 기본적인 믿음은 아마도 내가 한 비밀 이야기를 절대 발설하지 않는다는 것이 아닐까 싶습니다. 두 사람이 알면 이미 비밀이 아니라는 말이 있을 정도로 말을 담아 두기가 어렵습니다. 그럼에도 불구하고 서로의 비밀을 굳게 지키는 친구는 정말 믿음직한 친구입니다.

이런 믿음과 더불어 본인이 듣기 싫어하는 이야기일지라도 친구를 위해 하는 친구는 정말 믿음직한 친구입니다. 원래 행동에 도움을 주는 말은 귀에 거슬립니다. 살아 보니 '옳은 소리', '바른 소리', '진실'을 말하면 불편해 하는 사람들이 많다는 것을 알게 되었습니다. 왜냐 하면 본인도 아는데 잘 안되거나, 자신을 비난하는 것 같아 그랬을 겁니다.

그럼에도 불구하고 이런 친구가 곁에 있다면 당신은 이미 반쪽의 성공을 거둔 사람입니다.

이런 믿을 만한 친구를 얻으려면 당연히 본인도 그런 사람이 되어야겠습니다.

친구의 말에 항상 귀를 기울이며 잘 들어 주고, 조언을 구하면 심사숙고하여 답하고, 그가 힘들어 하면 진심으로 동감해 주어야 합니다.

어렵게 비밀을 털어 놓으면 무덤에 갈 때까지 그 비밀을 지켜주어야 합니다.

친구가 곤궁한 상태에 빠지면 혼신을 다해 도와야 합니다.

하니 얼마나 힘듭니까?

믿을 만한 사람이 된다는 것이.

저는 사람을 볼 때, 이런 부류의 사람은 조심합니다.

왠지 믿음이 가지 않고 대하기가 불편하면, 가까이 한 결과도 그리 좋지 않았기 때문입니다.

먼저, 지나치게 굽신대는 사람입니다.

다음은, 눈을 잘 마주치지 못 하거나, 눈을 자꾸 굴리거나, 눈이 잘 흔들리는 사람입니다.

다음은 자기보다 처지가 좋지 않거나, 약한 사람들에게 함부로 하는 사람입니다.

마지막으로 남의 험담이나 비판을 많이 하는 사람입니다.

이런 부류의 사람들에겐 신뢰가 잘 가지 않습니다.

가까이 하지 않고, 조심하는 편입니다.

믿을 만한 친구나 동료 얼마나 되나요?

5명만 되어도 당신은 성공한 사람이 아닐까 싶습니다.

관련어구

二四. 子曰 主忠信하며 毋友不如己者오 過則勿憚改니라(子罕篇)

24. 공자께서 말씀하셨다. "사람은 언행에는 충성과 신의에 주력하고, 자기보다 못한 이를 친구로 사귀지 말며, 잘못이 있으면 고치기를 주저하지 않는다."

15. 술취하지 말라

잠20:1 포도주는 거만하게 하는 것이요 독주는 떠들게 하는 것이라 이에 미혹되는 자마다 지혜가 없느니라

八. 食不厭精하시며 膾不厭細러시다 食而와 魚而肉敗를 不食하시며 色惡不食하시며 臭惡不食하시며 失不食하시며 不時不食이러시다 割不正이어든 不食하시며 不得其醬이어든 不食이러시다 肉雖多이나 不使勝食氣하시며 唯酒無量하사대 不及亂이러시다(鄕黨篇)

8. 밥은 흰 쌀밥을 싫어하지 않으며, 회는 가는 것을 싫어하지 않았다. 밥이 쉰 것과 생선이 상하고 고기가 부패한 것을 먹지 않았으며, 빛깔이 나쁜 것을 먹지 않았으며, 냄새가 나쁜 것을 먹지 않았으며, 익히지 않은 것을 먹지 않았으며, 제철에 나지 않은 것을 먹지 않았다. 반듯하게 자르지 않으면 먹지 않았으며, 장이 없으면 먹지 않았다. 고기가 아무리 많아도 밥보다 더 많이 먹지 않으며, 술은 무한정으로 마시되 흐트러지지는 않았다.

술이라는 것이 참 묘한 놈입니다. 술에 대한 찬미의 글도 참 많지만 술의 폐해에 대한 경계의 글들도 상당히 많습니다.

솔로몬이나 공자의 글 모두 술에 대해 이야기 하고 있습니다. 솔로몬 시대의 사람들이 물 먹듯이 포도주를 마셨음에도 불구하고 그에게 술의 좋은 점에 대한 언급은 없습니다. 공자 또한 많이 마시더라도 흐트러져서는 안된다고 경계를 늦추지 않았습니다.

칭기스칸도 술 취하는 것을 상당히 경계하였습니다. 술이 주는 순기능도 있지만 사람들에게 신중함과 자제력을 잃게 하기 쉬워 제국의 야망을 가진 칭기스칸에게 술 취하는 것은 경계의 대상이었던 것 같습니다. 21세기 첨단 과학 시대를 맞이하여 술의 장점과 위험성이 분석적으로 제시되고 있지만, 이런 과학의 힘이 아니더라도 술에 취하는 것은 여러모로 위험합니다. 오죽하면 음주운전단속에 이어 음주보행까지 단속하는 나라가 있겠습니까?

술 한잔에 원숭이가 되고 양도 되고 개도 되며 사자가 되는 사람들을 종종 봅니다. 이 가운데 일부는 지난 술자리를 한없이 후회하고 혹자는 기억이 나지 않아 고통스러워 합니다. 그럼에도 불구하고 사람들은 술을 마십니다. 술이 주는 묘한 기쁨과 위로, 행복감에다 술이 사람들을 쉽게 가까워지게 하기 때문일 것입니다.

'과유불급(過猶不及)'
음주에 가장 중요한 적합한 언설이 아닐까 싶네요.

지나치면 정말 많은 문제를 낳습니다. 술은 인간의 감정을 과장하고, 언행을 흐트러뜨립니다. 심지어 폭력적으로 만듭니다.

그래서 저는 사람들을 알고 싶을 때 꼭 술자리를 가져 봅니다. 어느 정도

술을 절제할 수 있는지, 술이 취하면 어떤 행동을 하는지를 보면 대충 그 사람을 이해할 수 있습니다.

여러분은 술이 취하면 어떤 사람이 됩니까? 혹시 동물이 되지는 않습니까?

만약 술이 취해 동물이 되거나 기억이 사라진다면 술을 대폭 줄이거나 끊으십시오. 술이 당신의 인생을 망칠 수 있습니다.

관련 어구

잠23:29 재앙이 뉘게 있느뇨 근심이 뉘게 있느뇨 분쟁이 뉘게 있느뇨 원망이 뉘게 있느뇨 까닭 없는 상처가 뉘게 있느뇨 붉은 눈이 뉘게 있느뇨

잠23:30 술에 잠긴 자에게 있고 혼합한 술을 구하러 다니는 자에게 있느니라

잠23:31 포도주는 붉고 잔에서 번쩍이며 순하게 내려가나니 너는 그것을 보지도 말지어다

잠23:32 그것이 마침내 뱀 같이 물 것이요 독사 같이 쏠 것이며

잠23:33 또 네 눈에는 괴이한 것이 보일 것이요 네 마음은 구부러진 말을 할 것이며

잠23:34 너는 바다 가운데에 누운 자 같을 것이요 돛대 위에 누운 자 같을 것이며

잠23:35 네가 스스로 말하기를 사람이 나를 때려도 나는 아프지 아니하고 나를 상하게 하여도 내게 감각이 없도다 내가 언제나 깰까 다시 술을 찾겠다 하리라

IV.
삶에 대한 조언 2 : 인간관계

1. 사랑(효도, 우애, 사랑)하며 살아라

잠15:17 채소를 먹으며 서로 사랑하는 것이 살진 소를 먹으며 서로 미워하는 것보다 나으니라

六. 子曰 弟子入則孝하고 出則弟하며 謹而信하며 汎愛衆하되 而親仁이니 行有餘力이어든 則以學文이니라(學而篇)

6. 공자께서 말씀하셨다. "젊은이들은 집에 들어와서는 효도하고, 밖에 나가서는 공손하며, 신중히 행동하고 신실하며, 뭇 사람들을 두루 사랑하되 어진 이를 가까이 해야 한다. 이렇게 행하고도 남는 힘이 있으면 비로소 글을 배워라."

어떤 사람은 무엇인가를 위해 살고, 어떤 이는 누구인가를 위해 삽니다. 정의, 명예, 돈 등의 가치를 위해 사는 사람과 나, 가족, 국가 등의 대상을 위해 사는 사람들이 있습니다. 그런데 이 두 가지가 묘하게 우리의 삶에 얽혀 있습니다. 우선순위가 다를 뿐이지 우리는 이 두 가지 대상을 사랑하고 삽니다.

인간은 신의 성품과 동물의 본능을 다 가지고 있습니다. 인간에게는 이성과 감성이 공존합니다. 그렇기 때문에 추상적인 가치를 추구하면서도

구체적인 대상에게서 사랑을 느끼고자 합니다.

그래서 숭고한 가치까지는 아니더라도 어떤 대상을 사랑하게 되는데, 가장 일반적인 형태가 자식에 대한 사랑입니다. 인간에게 자식처럼 다차원적인 의미가 부여되는 존재는 없을 것입니다.

특히 어머니에게 있어 자식은 내 육체와 영혼의 일부일 수도 있고, 자신의 분신일 수도 있습니다. 그래서 그런지 우리는 이 세상에서 가장 큰 사랑을 어머니의 사랑이라고 하나 봅니다.

어머니의 사랑까지는 아니더라도 우리는 사랑 없이는 살기 어려운 존재입니다. '인간은 사회적 동물이다'라는 명제에는 인간은 인간 없이는 살 수 없는 존재이다, 인간은 남의 도움 없이는 살 수 없다. 인간에게 필요한 것은 사랑이다라는 명제로 이어집니다.

사랑에는 여러 가지 다른 이름이 있습니다.

배려, 격려, 충성, 효도, 우애, 우정 등등의 이름을 가지고 있습니다. 이들은 사랑과 이음동의어(異音同義語)들입니다. 인간은 사랑의 도움 없이는 살아가지 못하는 존재입니다.

인간은 사랑하는 존재입니다. 사랑을 주고받고 살아갑니다.

아무리 이기적이고 잘난 인간이라도 이 점을 부정하기는 어렵습니다.

사랑의 힘은 정말 강합니다. 오죽하면 사랑 때문에 눈이 멀기까지 하겠습니까?

사랑은 고난을 극복하게 하며, 삶에 의미를 더해주며, 고통을 이겨내게 합니다.

관련 어구

잠5:18 네 샘으로 복되게 하라 네가 젊어서 취한 아내를 즐거워하라
잠5:19 그는 사랑스러운 암사슴 같고 아름다운 암노루 같으니 너는 그의 품을 항상 족하게 여기며 그의 사랑을 항상 연모하라

잠13:24 매를 아끼는 자는 그의 자식을 미워함이라 자식을 사랑하는 자는 근실히 징계하느니라

잠17:1 마른 떡 한 조각만 있고도 화목하는 것이 제육이 집에 가득하고도 다투는 것보다 나으니라

잠17:17 친구는 사랑이 끊어지지 아니하고 형제는 위급한 때를 위하여 났느니라

잠21:9 다투는 여인과 함께 큰 집에서 사는 것보다 움막에서 사는 것이 나으니라

잠21:19 다투며 성내는 여인과 함께 사는 것보다 광야에서 사는 것이 나으니라

잠22:15 아이의 마음에는 미련한 것이 얽혔으나 징계하는 채찍이 이를 멀리 쫓아내리라

잠25:24 다투는 여인과 함께 큰 집에서 사는 것보다 움막에서 혼자 사는 것이 나으니라

잠30:17 아비를 조롱하며 어미 순종하기를 싫어하는 자의 눈은 골짜기의 까마귀에게 쪼이고 독수리 새끼에게 먹히리라

二. 有子曰 其爲人也孝弟요 而好犯上者ㅣ 鮮矣니 不好犯上이오 而好作亂者 未之有也니라 君子는 務本이니 本立而道生하나니 孝弟也者는 其爲仁之本與인저(學而篇)
2. 유자가 말했다. "사람이 부모에게 효성스럽고 공경하면서 윗사람에게 덤비기를 좋아하는 사람은 드물다. 또 윗사람에게 덤비기를 좋아하지 않으면서 난 일으키기를 좋아하는 사람은 일찍이 없었다. 군자는 근본에 힘쓰니 근본이 서면 도가 생기게 된다. 효도와 공경은 인의 근본이다."

七. 子游問孝한대 子曰 今之孝者는 是謂能養이니 至於犬馬하야도 皆能有養이니 不敬이면 何以別乎리오(爲政篇)
7. 자유가 효에 대해 묻자 공자께서 말씀하셨다. "요즘의 효라는 것은 오직 봉양하는 것만을 말하나, 개나 말도 능히 먹이고 기를 수 있으니, 공경하는 마음이 없다면 무엇으로 구별할 수 있겠는가?"

九. 曾子曰 愼終追遠이면 民德이 歸厚矣리라(學而篇)
9. 증자가 말했다. "부모상을 신중히 모시고, 선조를 충심으로 추모하면 백성의 덕이 두터워질 것이다."

十五. 子曰 參乎아 吾道는 一以貫之니라 曾子曰 唯라 子出커시늘 門人이 問曰 何謂也잇고 曾子曰 夫子之道는 忠恕而已矣니라(里仁篇)

15. 공자께서 말씀하셨다. "삼아! 나의 도는 하나만 가지고 모든 것을 관통한다." 그러자 증자가 말했다. "예, 알았습니다." 공자께서 밖으로 나가자 문인이 증자에게 물었다. "무슨 말씀이십니까?" 증자가 말했다. "공자의 도는 충과 서일 뿐이다."

2. 가난한 자와 나누며 살아라

잠11:25 구제를 좋아하는 자는 풍족하여질 것이요 남을 윤택하게 하는 자는 자기도 윤택하여지리라

六. 子張이 問仁於孔子한대 孔子曰 能行五者於天下면 爲仁矣니라 請問之한대 曰恭寬信敏惠니 恭則不侮하고 寬則得衆하고 信則人任焉하고 敏則有功하고 惠則足以使人이니라(陽貨篇)

6. 자장이 공자에게 인에 대해 묻자, 공자께서 말씀하셨다. "다섯 가지를 천하에 행할 수 있으면, 그것이 바로 인을 행하는 것이 된다." 자장이 그 다섯 가지를 물으니, 공자께서 말씀하셨다. "공손함, 관대함, 신뢰, 부지런함, 은혜로움이다. 사람이 공손하면 욕을 당하지 않고, 관대하면 많은 사람의 지지를 얻게 되고, 신실하면 남들의 신임을 받고, 부지런하면 공로를 쌓게 되고, 은혜로우면 사람을 부릴 수 있다."

인간의 본성은 기본적으로 이기적입니다. 이 부분에 대해서는 큰 이의가 없을 것입니다. 그래서 어떤 이는 이타심마저도 이기심의 발로라고 주장하기까지 합니다. 남을 도움으로써 스스로의 만족감이 커지게 되기에 이 만족감을 충족시키려는 노력의 일환이 이타심이라는 것입니다.

윤리와 도덕, 법과 질서 등등의 것들도 결국은 자신의 안전과 재산, 기득권을 지키기 위한 이기심의 발로라고 할 수 있습니다. 모든 인간들의 이기심이 통제되지 않고 극대화되면 결국 모든 사람들이 다치고 가진 것들을 잃어버리고 말게 되기 때문에 이런 것들을 고안한 것이 아닐까요? 여하튼 인간은 가지고 싶어 하는 것이 참 많습니다. 이 지구상의 창조물 가운데 냉장고나 신용카드를 가질 정도로 욕심이 많은 존재는 없습니다. 이런 것들은 모두 인간의 욕심이 얼마나 큰가를 보여 주는 것들입니다.

그런데 솔로몬과 공자는 가지지 못한 자들에게 나누어 주라고 합니다. 이러한 논리에 대해서는 다양한 설명이 가능합니다. 종교적으로 보면, 가난하고 약한 자들에게 베푼 후의는 신에게 베푼 것과 같으니 신이 채워 줄 것이다라는 약속에 따른다는 것입니다. 일반적인 삶의 관점에서 보면, 이들을 도움으로써 그들의 복종을 얻어 내거나, 사회의 불안 요소를 줄여 궁극적으로 우리의 삶이 안전해지며, 보다 협력적인 사회가 될 수 있을 것이라는 설명이 가능합니다.

이러한 거창한 설명까지는 아니더라도 가난하고 약한 자들을 돕고 가진 것을 나누는 것은 각박한 세상을 사는 '나와 너' 모두를 기쁘게 하는 일입니다. 만약 나누어주는 그 무엇인가가 나에게도 소중한 것이라면 그 의미는 더 커집니다.

언론에 등장하는 기부 관련 기사를 보면 수천억을 가진 대기업의 총수가 수억, 수십억을 기부하는 경우도 있지만, 많은 분들이 정말 자린고비처럼 살면서 모은 돈들을 과감하게 약자들을 위해 기부합니다. 천원을 아끼기 위해 라면이나 짜장면, 아니면 빵 한쪽으로 끼니를 해결하면서 평생 모은 '그 귀한 돈'을 아낌없이 나누는 그 분들을 보면 감동이 아닐 수 없습니다.

'노블레스 오블리주(높은 사회적 신분에 상응하는 도덕적 의무)' 까지 거론할 필요없이 우리가 살고 있는 사회, 내 후손들이 살아야 할 미래를 위해 가진 것을 나누고 행복을 공유하는 것은 이제 선택 사항이 아니라 필수 사항이 아닐까 싶습니다.

살다 보니 받는 기쁨이 크지만, 주는 기쁨은 더 컸습니다. 그리고 더 오래 갔습니다. 제가 줄 수 있는 것들이란 그리 큰 것들이 아니었습니다. 하지만 받는 사람들은 고마워했고, 저는 그 이상의 행복감을 느낄 수 있었습니다.

시민단체에 내는 소액의 기부, 학생들을 위한 장학금, 교회에 내는 헌금 등에다 제가 가지고 있던 여러 가지 물품들을 주위 사람들과 나누며, 이런 생각을 하곤 합니다. 내가 지금 쓰지 않고 있는 것들을 내가 가지고 있을 필요는 없다. 그렇다면 필요한 사람들에게 주자.

'언젠가는 쓰겠지' 하는 생각 거의 틀린 생각이었습니다.

주는 기쁨, 중독성이 있으나 몸에 나쁘지 않으니 우리 같이 중독되어 봅시다.

관련 어구

잠11:24 흩어 구제하여도 더욱 부하게 되는 일이 있나니 과도히 아껴도 가난하게 될 뿐이니라

잠11:26 곡식을 내놓지 아니하는 자는 백성에게 저주를 받을 것이나 파는 자는 그의 머리에 복이 임하리라

잠14:31 가난한 사람을 학대하는 자는 그를 지으신 이를 멸시하는 자요 궁핍한 사람을 불쌍히 여기는 자는 주를 공경하는 자니라

잠19:17 가난한 자를 불쌍히 여기는 것은 여호와께 꾸어 드리는 것이니 그의 선행을 그에게 갚아 주시리라

잠21:13 귀를 막고 가난한 자가 부르짖는 소리를 듣지 아니하면 자기가 부르짖을 때에도 들을 자가 없으리라

잠21:26 어떤 자는 종일토록 탐하기만 하나 의인은 아끼지 아니하고 베푸느니라

3. 말을 아끼고 조심하라

잠13:3 입을 지키는 자는 자기의 생명을 보전하나 입술을 크게 벌리는 자에게는 멸망이 오느니라

二四. 子曰 君子는 欲訥於言而敏於行이니라(里仁篇)
24. 공자께서 말씀하셨다. "군자는 말은 어눌하게 하고, 행동은 민첩하게 해야 한다."

고대 그리스의 철학자인 소크라테스는 말을 하기에 앞서 세 가지를 먼저 생각해 보라고 하였습니다. 자신이 전할 말이 사실인지, 그 내용이 상대에게 유익이 되는 좋은 것인지, 그리고 꼭 필요한 것인지를 먼저 생각하라고 하였습니다. 그 결과 말하려는 것이 이 세 가지의 범주에 들지 않으면 굳이 말할 필요가 없다는 것입니다.

솔로몬이나 공자나 소크라테스 모두 말에 대한 경계를 강조하고 있는데요, 그것은 아마도 인간이 살면서 가장 많이 후회하는 것이 자신이 내뱉은 말이기 때문이 아닌가 싶습니다.

특히 말이 많은 사람일수록 더 그럴 것인데, 말을 하다 보면 과장도 심해지고 결국은 내용이 왜곡되며, 대화의 주제가 될 만하지 않은 남의 얘

기를 많이 하게 되고, 또 쓸 데 없는 얘기들을 하게 됩니다. 그러면 이 말들이 돌아 돌아 더 과장되고 왜곡되어 감당할 수 없는 지경에 이르게 되기도 합니다.

그래서 입이나 혀와 관련된 경구나 속담으로 말을 조심하라는 경계를 많이들 합니다. 여기에는 동양과 서양의 차이도 없습니다.

"가는 말이 고와야 오는 말이 곱다"
"입이 만복의 근원이다"
"혀 밑에 도끼가 있어 사람이 자신을 해치는 데 사용한다 (말이 재앙을 불러올 수 있음을 경계한 것이다)"
"소에게 한 말은 사라져도 아내에게 한 말은 밖으로 새어나간다(다른 사람에게 한 말은 반드시 새어나갈 수 있음을 경계한 것이다)"
"말이 많은 집은 장맛도 나쁘다(말만 화려하고 아름다운 사람은 실제로는 덕이 없다는 뜻이다)"
"Watch your mouth"
"말이 만든 상처는 칼로 입은 상처보다 깊고 심하다(모로코속담)"
"돼지도 치켜세우면 나무에 오른다(일본속담)"
"노인은 자기가 이미 한 일을 말하고, 젊은이는 현재 자기가 하고 있는 말하고, 어리석은 자는 자기가 앞으로 하려고 마음먹은 일을 말한다(프랑스속담)"
"여자의 혓바닥은 그녀의 신체 중에서 가장 마지막으로 숨을 거두는 곳이다(서양속담)"
"입은 말과 같다. 둘 다 재갈을 필요로 한다(독일 속담)"
"닫을 문이 없을 때는 입을 닫아라(자마이카 속담)"

"말하는 것은 지식의 영역이고 듣는 것은 지혜의 영역이다(올리버 웬델 홈즈)"

이호종·신광철의 「칭기스칸의 리더십」이란 책을 보면, 칭기스칸도 한 번 내뱉은 말은 주워 담을 수가 없기 때문에 사람들 사이에서는 송아지처럼 침묵하였다고 합니다.
솔로몬과 공자도 말을 조심해야 한다는 이야기를 줄기차게 하고 있습니다. 이렇게 강조하는 것은 말의 힘이 그렇게 크다는 의미도 있지만 말을 조심하기가 매우 어렵기 때문일 것입니다.
살아 보니 말을 하고 후회한 적은 있어도, 하지 않아 후회하는 일은 별로 없었습니다. 말을 하지 않아 후회되는 것들은 '사랑해', '고마워', '미안해' 라는 말을 제대로 하지 못하였던 것뿐입니다.
'말' 참 참기도 어렵고 잘 하기도 어렵습니다.

관련 어구

잠12:13 악인은 입술의 허물로 말미암아 그물에 걸려도 의인은 환난에서 벗어 나느니라
잠12:14 사람은 입의 열매로 말미암아 복록에 족하며 그 손이 행하는 대로 자기가 받느니라

잠12:18 칼로 찌름 같이 함부로 말하는 자가 있거니와 지혜로운 자의 혀는 양약과 같으니라

잠12:19 진실한 입술은 영원히 보존되거니와 거짓 혀는 잠시 동안만 있을 뿐이니라

잠13:2 사람은 입의 열매로 인하여 복록을 누리거니와 마음이 궤사한 자는 강포를 당하느니라

잠14:3 미련한 자는 교만하여 입으로 매를 자청하고 지혜로운 자의 입술은 자기를 보전하느니라

잠15:1 유순한 대답은 분노를 쉬게 하여도 과격한 말은 노를 격동하느니라

잠15:2 지혜 있는 자의 혀는 지식을 선히 베풀고 미련한 자의 입은 미련한 것을 쏟느니라

잠15:4 온순한 혀는 곧 생명나무이지만 패역한 혀는 마음을 상하게 하느니라

잠15:23 사람은 그 입의 대답으로 말미암아 기쁨을 얻나니 때에 맞는 말이 얼마나 아름다운고

잠16:20 삼가 말씀에 주의하는 자는 좋은 것을 얻나니 여호와를 의지하는 자는 복이 있느니라

잠17:27 말을 아끼는 자는 지식이 있고 성품이 냉철한 자는 명철하니라

잠20:19 두루 다니며 한담하는 자는 남의 비밀을 누설하나니 입술을 벌린 자를 사귀지 말지니라

잠21:23 입과 혀를 지키는 자는 자기의 영혼을 환난에서 보전하느니라

二二. 子曰 古者에 言之不出은 恥躬之不逮也니라(里仁篇)
22. 공자께서 말씀하셨다. "옛날 사람들이 말을 함부로 하지 않은 것은 행동이 그 말에 미치지 못할까봐 부끄러워 그런 것이었다."

二三. 子曰 以約失之者 鮮矣니라(里仁篇)
23. 공자께서 말씀하셨다. "행동을 조심하는 사람은 실수가 적다."

七. 子曰 可與言而不與之言이면 失人이오 不可與言而與之言이면 失言이니 知者는 不失人이며 亦不失言이니라(衛靈公篇)
7. 공자께서 말씀하셨다. "더불어 말을 해야 하는데 더불어 말하지 않는 것은 사람을 잃는 것이요, 더불어 말할 만하지 않은데 더불어 말한다면 말을 헛되게 하는 것이다. 지혜로운 사람은 사람을 잃지 않으며 또한 말도 잃지 않는다."

二六. 子曰 巧言은 亂德이오 小不忍則亂大謀니라(衛靈公篇)
26. 공자께서 말씀하셨다. "공교로운 말은 덕을 어지럽히고, 작은 일을 참지 못하면 큰 일을 어지럽힌다."

4. 다투지 말라

잠20:3 다툼을 멀리 하는 것이 사람에게 영광이거늘 미련한 자마다 다툼을 일으키느니라

七. 孔子曰 君子有三戒하니 少之時에 血氣未定이라 戒之在色이오 及其壯也하여 血氣方剛이라 戒之在鬪오 及其老也하여 血氣旣衰라 戒之在得이니라(季氏篇)

7. 공자께서 말씀하셨다. "군자에게는 세 가지 경계할 것이 있다. 젊었을 때는 혈기가 안정되지 않았으니 여색을 경계해야 하고, 장성해져서는 혈기가 왕성하기 때문에 다툼을 경계해야 하고, 늙음에 이르러서는 혈기가 이미 쇠했으므로 욕심을 경계해야 한다."

여기서 말하는 '다투다'는 매우 다양한 해석이 가능합니다. '싸우다', '갈등하다', '경쟁하다', '간섭하다', '끼어들다' 등등의 상황을 포함합니다. 세상에는 불가피한 일도 있지만, 피할 수 있는 일이 더 많습니다. 굳이 남의 일에 끼어들어 싸움에 기름을 끼얹을 필요는 없습니다. 조금만 생각하면 이해가 되거나 양해가 될 일을 화부터 내고 대들 필요 없습니다. 이 정도면 충분한데 조금 더 가져 보겠다고 싸울 필요 또 뭐가 있습니까? 남성들은 가끔 화를 불같이 내거나, 소리를 버럭버럭 지르며 사사건건

잘 따지는 사람을 '사나이답다'고 오해하는 경우가 있습니다. 반면 온화한 표정을 짓고 말을 온순하게 하며 매사 수용적인 사람을 '계집애같다', '남자답지 않다' 생각하는 사람들도 있습니다.

과연 그런가요?

심각한 오해가 아닐 수 없습니다.

다툼을 일으키는 자는 미련한 자라는 솔로몬의 말은 지혜로운 자는 다툼을 일으키지 않는다는 말과 같습니다. 지혜로운 자는 다투기 보다는 다툼의 원인을 파악하고 그 다툼을 그치게 하는 사람입니다.

다투기를 좋아 하는 사람들은 문제를 비화하고 갈등을 확대하지만, 스스로 문제를 해결하지 못하고 남의 도움을 받기 일쑤입니다. 이런 미련한 사람이 주위에 있으면 정말 피곤해집니다.

공자는 혈기가 왕성하기에 다툼을 일으키기 쉽다고 합니다. 혈기란 결국 이성보다 감성에 가까운 '기운'이기 때문에 '이성'이 통제하지 않으면 갈등 구조에서 분노의 모습으로 나타나기 쉽습니다. 힘이 넘치고 자신감이 충천하고 기가 뻗치면 다툼을 일으키기 쉬우니 이것을 통제할 수 있는 지혜가 필요합니다.

이 지혜를 두 사람의 글에서 찾을 수 있습니다.

관련 어구

잠3:30 사람이 네게 악을 행하지 아니하였거든 까닭 없이 더불어 다투지 말며

잠3:31 포학한 자를 부러워하지 말며 그의 어떤 행위도 따르지 말라

잠26:17 길로 지나가다가 자기와 상관없는 다툼을 간섭하는 자는 개의 귀를 잡는 자와 같으니라

5. 분노하지 말라

잠16:32 노하기를 더디하는 자는 용사보다 낫고 자기의 마음을 다스리는 자는 성을 빼앗는 자보다 나으니라

一. 子曰 學而時習之면 不亦說乎아 有朋이 自遠方來면 不亦樂乎아 人不知而不이면 不亦君子乎아(學而篇)
1. 공자께서 말씀하셨다. "배우고 때로 익히면 또한 기쁘지 아니한가? 친한 벗이 먼 곳에서 찾아오면 또한 즐겁지 아니한가? 남이 알아주지 않아도 성내지 않으면 또한 군자가 아니겠는가?"

중국에 "만일 당신이 당신의 적에게 불같은 화를 낸다면 종종 당신의 적보다 당신이 더 많은 화상을 입는다"는 속담이 있습니다. 비단 적만이 아니지요. 주변을 둘러보면 이런 경우를 어렵지 않게 보게 됩니다.
대한항공이 2014년 12월 대한민국 언론의 중심에 있게 된 것은 조모 전 부사장의 통제되지 않은 분노의 폭발이 그 원인이 되었습니다. 아무 것도 아닌 일로 분을 참지 못하고 사무장과 승무원에게 폭언과 폭행을 가했을 뿐만 아니라, 비행기를 돌려 사무장을 공항에 내리게 하여 한국사

회 뿐만 아니라 전세계가 분노하게 만든 것입니다. 본인은 40 평생 그렇게 살아 와서인지 이 일이 이렇게 까지 비화될지 몰랐을 것입니다.
분노조절이 되지 않아 어떤 결과가 나타났습니까?
본인은 그룹 내의 모든 직위에서 물러나게 되고, 전과자가 되게 되었습니다. 게다가 이혼까지 하게 되구요.
기업은 또 어떤가요?
이미지 실추로 수천억 아니 수조원의 유무형의 손해를 입게 되었습니다.
사무장이나 승무원은 아마도 정신적인 충격에다 실직의 아픔까지 겪게 될 것이 뻔합니다.
우리는 이와 유사한 사례를 여기저기서 볼 수 있습니다.
'홧김에' 물건을 부수고, 건물에 불을 지르고, 차로 들이받고, 최루탄을 던지는 등등 분노를 통제하지 못해 일어나는 비극들을 너무도 쉽게 봅니다.
당신은 어떻습니까?
'욱' 하는 성격이라면 빨리 고치도록 하십시오.
그거 별로 좋은 성격 아닙니다.
분노와 화에 대한 언급은 아래와 같이 매우 많습니다.
그만큼 분노조절이 중요하기 때문일 것입니다.

"분노는 당신을 더 하찮게 만드는 반면, 용서는 당신을 예전보다 뛰어난 사람으로 성장하게 만든다(미국작가 세리 카터 스콧)"

"상대가 화를 낸다고 나도 덩달아 화를 내는 사람은 두 번 패배한 사람이다.
상대에게 끌려드니 상대에게 진 것이고, 자기 분을 못 이기니 자기 자신에게도 진 것이다(부처)"

"저는 분노에 대하여 오랫동안 연구했습니다.
사람들은 화가 날 때 그 원인을 남 탓으로 돌리고 상대방을 비난합니다. 그런데 제가 연구한 결과 90% 정도는 상대방이 아니라 전적으로 그의 마음이 만들어낸 것이고, 상대방은 어떠한 영향도 미치지 않았습니다(한국인을 위한 달라이 라마의 인생론에서)"

관련 어구

잠14:29 노하기를 더디 하는 자는 크게 명철하여도 마음이 조급한 자는 어리석음을 나타내느니라

잠15:18 분을 쉽게 내는 자는 다툼을 일으켜도 노하기를 더디 하는 자는 시비를 그치게 하느니라

잠18:19 노엽게 한 형제와 화목하기가 견고한 성을 취하기보다 어려운즉 이러한 다툼은 산성 문빗장 같으니라

잠19:11 노하기를 더디 하는 것이 사람의 슬기요 허물을 용서하는 것이 자기의 영광이니라

十. 孔子曰 君子有九思하니 視思明하며 聽思聰하며 色思溫하며 貌思恭하며 言思忠하며 事思敬하며 疑思問하며 忿思難하며 見得思義니라(季氏篇)

10. 공자께서 말씀하셨다. "군자는 아홉 가지 생각하고 유의하는 것이 있다. 볼 때는 밝게 볼 것을 생각하고, 들을 때는 똑똑하게 들을 것을 생각하고, 얼굴빛은 온화하게 할 것을 생각하고, 용모는 공손할 것을 생각하고, 말은 충성스럽기를 생각하고, 일에는 정성스러울 것을 생각하고, 의문이 나면 물어 볼 것을 생각하고, 화를 냄에는 환난을 생각하고, 이득이 되는 것을 보면 의를 생각한다."

6. 악한 자의 유혹에 넘어가지 말라

잠1:10 내 아들아 악한 자가 너를 꾈지라도 따르지 말라

잠1:11 그들이 네게 말하기를 우리와 함께 가자 우리가 가만히 엎드렸다가 사람의 피를 흘리자 죄 없는 자를 까닭 없이 숨어 기다리다가

잠1:12 스올 같이 그들을 산 채로 삼키며 무덤에 내려가는 자들 같이 통으로 삼키자

잠1:13 우리가 온갖 보화를 얻으며 빼앗은 것으로 우리 집을 채우리니

잠1:14 너는 우리와 함께 제비를 뽑고 우리가 함께 전대 하나만 두자 할지라도

잠1:15 내 아들아 그들과 함께 길에 다니지 말라 네 발을 금하여 그 길을 밟지 말라

二四. 子曰 巧言令色足恭을 左丘明이 恥之러니 丘亦恥之하노라 匿怨而友其人을 左丘明이 恥之러니 丘亦恥之하노라(公冶長篇)

24. 공자가 말씀하셨다. "말을 꾸미고, 얼굴빛을 좋게 하고, 지나치게 공손한 것을 좌구명이 부끄러워했는데 나도 또한 부끄러워한다. 원망을 숨기고 그 사람을 벗으로 삼는 것을 좌구명이 부끄러워했는데 나도 또한 부끄러워한다."

'악하다'라는 말은 우리가 다 아는 말로 그 의미를 느낌으로는 잘 알겠는데, 굳이 개념을 정의하자면 쉽지 않은 그런 단어 가운데 하나입니다. 사전적 의미를 살펴보니 '인간의 도덕적 기준에 어긋나 나쁘다'라는 뜻으로 유의어로는 간악하다, 간악무도하다, 독하다, 포악하다, 못되다 등이 있다고 합니다.

이상의 말들도 악하다는 말처럼 잘 아는 듯 하지만 정의하기가 쉽지 않은데, 일단 이런 사람들을 가까이 하지 않아야 하는 것은 지극히 당연해 보입니다.

악한 사람들은 끊임없이 갈등을 유발하고, 자기의 이익을 위해 남의 것을 탐하며, 남의 약점에 대한 이야기나 험담을 쉽게 하며, 주위의 사람들을 나쁜 길로 유도하는 일을 거리낌 없이 자행합니다. 말 바꾸기를 손바닥 뒤집듯 하며, 거짓말을 하는데 아무런 가책을 느끼지 않습니다.

그런데 이런 사람들의 특징은 처음 만나서 잘 알기가 어려울 정도로 교묘하게 자신의 '악함'을 숨길 수 있다는 점입니다. '척' 봐서는 알기 어렵다는 것이죠.

많은 사람들을 만나고 또 같이 일하고 하다 보니 나름 이런 사람들의 일반적인 성향을 조금은 알게 되었습니다.

악한 사람, 나쁜 사람, 좋지 않은 사람들은 상급자나 있는 사람, 권력자 앞에서는 지나칠 정도로 굽신거리면서, 약한 사람, 하급자, 식당의 종업원 등과 같은 사람들에게 매우 함부로 하고 고압적인 경우가 많습니다. 이야기를 할 때 눈을 잘 맞추지 못하거나, 눈이 계속 흔들리기도 합니다. 이해관계가 걸린 이야기를 할 때, '나는 전혀 관계없다', '나는 오로지 조직을 위해 희생하는 것이다', '한 푼도 나는 챙기지 않는다' 등의 말을 자주 언급합니다.

밥이나 술을 전혀 사지 않는 경우 보다, 너무 자주 사는 경우도 유심히 살펴보아야 합니다.

물론 저의 이런 관점은 절대 일반화할 수 없습니다. 저의 경험에서 우러난 것이니까요.

여하튼 악한 사람을 가까이 하면 본인도, 조직도 망칠 가능성이 높으니 잘 살피고 살아야겠습니다.

관련 어구

잠4:14 사악한 자의 길에 들어가지 말며 악인의 길로 다니지 말지어다
잠4:15 그의 길을 피하고 지나가지 말며 돌이켜 떠나갈지어다
잠4:16 그들은 악을 행하지 못하면 자지 못하며 사람을 넘어뜨리지 못하면 잠이 오지 아니하며
잠4:17 불의의 떡을 먹으며 강포의 술을 마심이니라

잠16:27 불량한 자는 악을 꾀하나니 그 입술에는 맹렬한 불같은 것이 있느니라
잠16:28 패역한 자는 다툼을 일으키고 말쟁이는 친한 벗을 이간하느니라
잠16:29 강포한 사람은 그 이웃을 꾀어 좋지 아니한 길로 인도하느니라
잠16:30 눈짓을 하는 자는 패역한 일을 도모하며 입술을 닫는 자는 악한 일을 이루느니라

잠5:22 악인은 자기의 악에 걸리며 그 죄의 줄에 매이나니
잠5:23 그는 훈계를 받지 아니함으로 말미암아 죽겠고 심히 미련함으로 말미암아 혼미하게 되느니라

잠6:12 불량하고 악한 자는 구부러진 말을 하고 다니며
잠6:13 눈짓을 하며 발로 뜻을 보이며 손가락질을 하며
잠6:14 그의 마음에 패역을 품으며 항상 악을 꾀하여 다툼을 일으키는 자라
잠6:15 그러므로 그의 재앙이 갑자기 내려 당장에 멸망하여 살릴 길이 없으리라

잠10:11 의인의 입은 생명의 샘이라도 악인의 입은 독을 머금었느니라
잠10:25 회오리바람이 지나가면 악인은 없어져도 의인은 영원한 기초 같으니라

잠11:9 악인은 입으로 그의 이웃을 망하게 하여도 의인은 그의 지식으로 말미암아 구원을 얻느니라
잠11:10 의인이 형통하면 성읍이 즐거워하고 악인이 패망하면 기뻐 외치느니라
잠11:11 성읍은 정직한 자의 축복으로 인하여 진흥하고 악한 자의 입으로 말미암아 무너지느니라

잠17:4 악을 행하는 자는 사악한 입술이 하는 말을 잘 듣고 거짓말을 하는 자는 악한 혀가 하는 말에 귀를 기울이느니라

잠20:26 지혜로운 왕은 악인들을 키질하며 타작하는 바퀴를 그들 위에 굴리느니라

잠21:4 눈이 높은 것과 마음이 교만한 것과 악인이 형통한 것은 다 죄니라

三. 子曰 巧言令色이 鮮矣仁이니라(學而篇)
3. 공자께서 말씀하셨다. "교묘하게 말을 잘 꾸미고, 얼굴빛을 남 보기 좋게 꾸미는 사람은 인이 드물다."

二四. 子路使子羔로 爲費宰한대 子曰 賊夫人之子로다 子路曰 有民人焉하며 有社稷焉하니 何必讀書然後에 爲學이리잇고 子曰 是故로 惡夫者하노라 (先進篇)
24. 자로가 자고를 추천하여 계씨의 영지인 비읍의 원님을 삼게 했다. 공자께서 말씀하셨다. "자고를 해치는 것이다." 자로가 말했다. "백성이 있고 사직이 있는데 어찌 반드시 글을 읽어야만 학문을 한다고 할 수 있습니까?" 공자께서 말씀하셨다. "이래서 내가 말 잘하는 사람을 싫어하는 것이다."

7. 미련한 자를 가까이 하지 말라

잠9:12 네가 만일 지혜로우면 그 지혜가 네게 유익할 것이나 네가 만일 거만하면 너 홀로 해를 당하리라.
잠13:20 지혜로운 자와 동행하면 지혜를 얻고 미련한 자와 사귀면 해를 받느니라

三. 子曰 唯上知與下愚는 不移니라
3. 공자께서 말씀하셨다. "지극히 지혜로운 사람과 지극히 어리석은 사람은 변화시킬 수 없다."

'미련하다'는 단어는 공부를 못한다, 찌질하다, IQ가 낮다, 행동이 굼뜬다, 모자란다 등의 의미를 자연스럽게 떠오르게 합니다.
그런데 미련하다는 의미는 그 정도에 머무는 것 같지 않습니다. 미련하다는 것은 지혜롭지 못하다는 것으로서 교만하거나 거만한 사람도 미련한 사람의 범주에 들어갑니다.
지혜로운 사람은 겸손한 사람이며 남의 말을 잘 듣는 사람이기에 본인뿐만 아니라, 일, 조직, 사회 모두에 긍정적인 영향을 미치는 사람입니

다. 잘 듣는다는 것은 겸손한 맘으로 남의 이야기에 귀를 기울인다는 태도의 측면과 그 말의 내용을 살펴 어떤 결정이나 행동에 반영한다는 실천의 측면을 가지고 있습니다.

미련한 사람은 스스로의 능력이 부족한 경우도 있지만 교만하고 거만하여 인간관계나 일에 부정적인 결과를 낳는 사람입니다. 미련한 사람은 남의 말을 잘 듣지 않거나 들어도 잘 이해하지 못하는 부류의 사람들입니다.

프라이드(Pride)가 강하다는 말을 듣는 사람들이 있습니다. 자존심이 강한 사람이란 뜻이겠죠. 그런데 이 프라이드란 단어를 성경은 교만이라는 말로 번역하고, 매우 안좋은 의미로 해석합니다. 교만한 사람은 자의식이 강하여 남의 말을 잘 듣지 않습니다. 그러다 보니 자연스럽게 독선적이 되기 쉽고 사람들과의 관계가 좋기 어렵습니다.

겸손한 사람은 사람들이 잘 따릅니다. 자신들의 이야기를 잘 들어 주니까요.

이런 이유로 미련한 사람을 멀리 하라는 것입니다.

유유상종(類類相從), 끼리끼리 모인다는 말 누구나 잘 알고 있습니다. 오죽하면 그 사람에 대해 알고 싶으면 그의 친구들을 보라는 말까지 있겠습니까?

미련한 사람을 가까이 하는 사람은 그도 역시 미련한 사람입니다.

오죽하면 솔로몬이 "차라리 새끼 빼앗긴 암곰을 만날지언정 미련한 일을 행하는 미련한 자를 만나지 말 것이니라."라는 극단적인 표현으로 경고를 하겠습니까?

아래에서 보는 것처럼 솔로몬은 지혜만큼이나 미련함에 대한 언급을 많이 하고 있습니다. 이것은 미련함이 나쁜 차원 정도가 아니라 위험하기 때문일 것입니다.
공자는 이런 미련함이 잘 고쳐지지 않는다고 합니다. 사람은 잘 변하지 않습니다. 특히 좋게 변하기가 참으로 힘듭니다. 미련한 사람은 대개 고집이 셉니다. 그래서 아마도 차라리 멀리하라 한 것 같습니다.
여기서 우린 스스로에게 물어 봐야 합니다. 나는 미련한 존재가 아닌지.

관련 어구

잠1:22 너희 어리석은 자들은 어리석음을 좋아하며 거만한 자들은 거만을 기뻐하며 미련한 자들은 지식을 미워하니 어느 때까지 하겠느냐

잠10:8 마음이 지혜로운 자는 계명을 받거니와 입이 미련한 자는 멸망하리라

잠10:10 눈짓하는 자는 근심을 끼치고 입이 미련한 자는 멸망하느니라

잠10:14 지혜로운 자는 지식을 간직하거니와 미련한 자의 입은 멸망에 가까우니라

잠10:18 미움을 감추는 자는 거짓된 입술을 가진 자요 중상하는 자는 미련한 자이니라

잠10:21 의인의 입술은 여러 사람을 교육하나 미련한 자는 지식이 없

어 죽느니라

잠10:23 미련한 자는 행악으로 낙을 삼는 것 같이 명철한 자는 지혜로 낙을 삼느니라

잠13:19 소원을 성취하면 마음에 달아도 미련한 자는 악에서 떠나기를 싫어 하느니라

잠13:20 지혜로운 자와 동행하면 지혜를 얻고 미련한 자와 사귀면 해를 받느니라

잠14:7 너는 미련한 자의 앞을 떠나라 그 입술에 지식 있음을 보지 못함이니라

잠17:12 차라리 새끼 빼앗긴 암곰을 만날지언정 미련한 일을 행하는 미련한 자를 만나지 말 것이니라

잠17:21 미련한 자를 낳는 자는 근심을 당하나니 미련한 자의 아비는 낙이 없느니라

잠17:25 미련한 아들은 그 아비의 근심이 되고 그 어미의 고통이 되느니라

잠18:6 미련한 자의 입술은 다툼을 일으키고 그의 입은 매를 자청하느니라

잠18:7 미련한 자의 입은 그의 멸망이 되고 그의 입술은 그의 영혼의 그물이 되느니라

잠26:1 미련한 자에게는 영예가 적당하지 아니하니 마치 여름에 눈 오는 것과 추수 때에 비 오는 것 같으니라

잠26:10 장인이 온갖 것을 만들지라도 미련한 자를 고용하는 것은 지나가는 행인을 고용함과 같으니라

잠26:11 개가 그 토한 것을 도로 먹는 것 같이 미련한 자는 그 미련한 것을 거듭 행하느니라

二五. 子曰 唯女子與小人이 爲難養也니 近之則不孫하고 遠之則怨이니라

25. 공자께서 말씀하셨다. "여자와 소인은 다루기가 어렵다. 가까이 하면 불손해지고, 멀리하면 원망한다."

8. 분노하는 자와 사귀지 말라

잠15:18 분을 쉽게 내는 자는 다툼을 일으켜도 노하기를 더디 하는 자는 시비를 그치게 하느니라
잠22:24 노를 품는 자와 사귀지 말며 울분한 자와 동행하지 말지니
잠22:25 그의 행위를 본받아 네 영혼을 올무에 빠뜨릴까 두려움이니라

우리는 앞에서 미련한 자를 멀리 하라는 가르침을 받았습니다. 여기서는 분노하는 자를 멀리 하라 합니다.

20세기 후반 미국 경영학계에서 '분노관리(anger management)'가 기업 CEO가 지녀야 할 매우 중요한 자질로 부각되기 시작하였습니다. 극단적으로 말해 '화를 내는 리더는 이미 리더가 아니다'라는 명제가 등장할 정도였습니다.

화를 내는 것이 그렇게 나쁜 것이라는 뜻이겠지요.

솔로몬은 수천년 전에 이미 '분노관리'에 대해 언급했습니다. 그것도 다양한 예를 들면서까지 말입니다.

개인적 차원에서 뿐만 아니라, 인간관계에 있어서, 조직생활에 있어서 화를 내는 것은 상당히 부정적인 영향을 미칩니다. 사람들은 좋은 일들이나 받은 것들에 대해서는 금방 잊어버리지만, 당한 상처나 피해는 잘 잊지 못합니다. 오죽 하면 '통치자의 베풂은 아침 이슬 같다'는 말이 있겠습니까?

아침 이슬 얼마나 갑니까? 사람들은 잘 해 준 것은 금방 잊고 만다는 것입니다. 반면 상처는 오래 갑니다. 화를 낸다는 것은 결국 상처를 준다는 것입니다.

저는 많은 교수님들과 상사, 많은 학생들과 직원들을 상대해 왔고, 지금도 그들과 함께 하고 있습니다. 화를 잘 내는 상관이나 동료들은 조직에 분쟁과 다툼을 야기하고, 많은 사람들을 곁에서 멀어지게 합니다. 무엇보다 같이 일하는 사람들은 힘들게 합니다. 하급자나 학생들은 더 말한 나위가 없습니다.

화를 내는 순간, 이성은 사라지고 감정이 일과 관계를 지배하게 됩니다. 화를 낼 때 마다 인간간의 간극은 점점 더 벌어지고, 결국 좋은 결과는 기대하기 어려워집니다.

화를 내는 사람도 마음을 다치고 후회라는 아픔을 가지게 되지만, 그 반대편의 고통과는 비할 수 없을 정도로 경미합니다.

사람들이 상처를 얼마나 잘 기억하는지 저는 제 조카의 경우를 보면서 확실히 알았습니다. 조카가 세 살 때로 기억합니다. 어린이집에 가지 않으려고 떼를 쓰는 아이를 달래려고 처제가 너무 힘들어 하길래, 아이의 엉덩이를 손바닥으로 툭 치면서 "빨리 안가" 소리를 질렀습니다.

그리고 세월이 흘러 아이가 여덟 살이 되었는데, 도대체 이 녀석이 제 말을 듣질 않는 것입니다. 그래서 너 왜 그러니 하고 물었더니, 아이가 "이모부가 내 엉덩이 때렸쟈냐" 하는 것이었습니다. 아! 그랬습니다. 저는 잊었고, 아이는 기억하고 있었던 것입니다.

이 사례는 두 사람간의 문제입니다만, 일상생활에 있어서도 마찬가지입니다. 화를 잘 내는 사람이 곁에 있으면, 많은 문제가 발생할 뿐만 아니라 조직 자체도 건강하기가 어렵습니다.

모든 것은 전염성이 있습니다. 성질이 사나우며, 화를 잘 내고, 불만투성이인 사람들과 함께 하고 싶습니까? 나쁜 병균을 굳이 가까이 할 필요는 없습니다.

관련 어구

잠29:11 어리석은 자는 자기의 노를 다 드러내어도 지혜로운 자는 그것을 억제하느니라

9. 게으르고 낭비하는 자를 멀리 하라

잠10:26 게으른 자는 그 부리는 사람에게 마치 이에 식초 같고 눈에 연기같으니라

잠23:20 술을 즐겨 하는 자들과 고기를 탐하는 자들과도 더불어 사귀지 말라

잠23:21 술 취하고 음식을 탐하는 자는 가난하여질 것이요 잠자기를 즐겨 하는 자는 해어진 옷을 입을 것임이니라

근묵자흑(近墨者黑)

「먹을 가까이하면 검어진다」는 뜻으로, 나쁜 사람을 가까이하면 그 버릇에 물들기 쉽다는 말입니다.

서예 시간에 붓으로 글을 쓰다 보면, 손에 검은 먹이 묻는 경우가 많습니다. 옛날처럼 먹을 갈아 쓸 때는 더 당연한 일입니다. 갈비를 먹고 온 친구와 한참 같이 있으면 갈비 냄새가 몸에 뵙니다. 좋은 향수를 뿌리고 온 친구와 함께 하면 당연히 향수 냄새가 몸에 뵈죠.

게으르면서, 먹고 놀기만을 좋아 하는 사람과 함께 하면 당연히 이런 성향에 젖어 들기 쉽습니다.

직장생활을 하다 보면, 몇몇 부류의 사람들을 보게 됩니다. 한 부류는 취미생활을 같이 하는 사람들입니다. 또 다른 부류는 거의 매일 술자리를 같이 하는 사람들입니다. 어떤 부류는 같이 공부를 하는 모임인데, 일반적이진 않지만 교수 사회에서는 종종 있습니다. 여기에다 누구와도 어울리지 않는 독불장군 스타일의 사람들도 꽤 있습니다.

유유상종(類類相從), 끼리끼리 어울린다.

살면서 이 말처럼 잘 맞는 말도 없다는 생각을 하게 됩니다. 어찌 그렇게 비슷한 사람들 끼리 모이는지요.

게으르고 낭비적인 사람들과 함께 하면 잠시는 즐거울지 모르지만, 그 끝은 분명합니다. 쌓이는 밥값과 술값, 음담패설과 험담으로 점철된 소모적인 대화, 나빠지는 건강 등등 그 폐해는 굳이 언급할 필요가 없습니다.

인간의 삶이 길다면 길지만, 또 짧다면 정말 짧습니다.

저만 해도 상당히 많은 시간을 보냈습니다. 저 역시 일반적인 관점에서 보면 게으른 쪽에 가까운 사람이라 지난날에 대한 후회가 참 많습니다.

'조금 열심히 살 걸'

얼마 전 제 장인께서 말기 폐암 선고를 받으시고, 1년만에 돌아 가셨습니다. 88세의 건강하신 분이신데, 사소한 증상으로 병원에 가셨다가 알게 되셨습니다. 그런데 놀랍게도 장인어른은 이런 반응이셨습니다. "나 행복하게 잘 살았어, 염려하지 마"

참 부지런 하신 분으로, 정말 인생을 알뜰하게 사신 분입니다. 그 연세에도 외국어를 배우러 다니시고, 사진은 수준 이상으로 찍으시고, 하루에 한 시간 이상 운동을 하십니다. 주무시는 시간 이외에는 누우시는 적이 없으시고, 가족들을 위해서는 쉬신 적이 없는 그런 삶을 사신 분입니다.

그런 분의 사위라서 저도 많이 좋았습니다. 여러분은 어떤 사람입니까? 이런 분은 아니더라도 게으르고 소모적인 사람들과는 멀리 하십시오. 그렇게 될까 두렵습니다.

관련 어구

잠6:9 게으른 자여 네가 어느 때까지 누워 있겠느냐 네가 어느 때에 잠이 깨어 일어나겠느냐
잠6:10 좀 더 자자, 좀 더 졸자, 손을 모으고 좀 더 누워 있자 하면
잠6:11 네 빈궁이 강도 같이 오며 네 곤핍이 군사 같이 이르리라

잠21:17 연락을 좋아하는 자는 가난하게 되고 술과 기름을 좋아하는 자는 부하게 되지 못하느니라
잠22:13 게으른 자는 말하기를 사자가 밖에 있은즉 내가 나가면 거리에서 찢기겠다 하느니라

잠26:13 게으른 자는 길에 사자가 있다 거리에 사자가 있다 하느니라
잠26:14 문짝이 돌쩌귀를 따라서 도는 것 같이 게으른 자는 침상에서 도느니라
잠26:15 게으른 자는 그 손을 그릇에 넣고도 입으로 올리기를 괴로워하느니라
잠26:16 게으른 자는 사리에 맞게 대답하는 사람 일곱보다 자기를 지혜롭게 여기느니라

10. 교만한 자를 멀리 하라

잠22:10 거만한 자를 쫓아내면 다툼이 쉬고 싸움과 수욕이 그치느니라

十一. 子曰 如有周公之才之美로도 使驕且吝이면 其餘는 不足觀也已니라(泰伯篇)

11. 공자께서 말씀하셨다. "만일 주공과 같은 우수한 재주를 가지고도, 교만하고 또 인색하다면 그 나머지는 볼 것 없다."

불교에서는 탐욕과 성냄과 어리석음이 마음을 더럽히는 것이라 하여 삼독(三毒)이라 합니다. 어리석다는 것은 자기 본성을 보지 못하고 헛것에 매달려 교만에 빠진다는 의미라고 합니다.

욕심과 분노와 어리석음 이 세 가지는 본질, 본성, 진리 등을 보지 못하게 만들며, 주위 사람들과의 관계를 해치고 결국에는 자신까지 망치는 좋지 못한 본성이라고 할 수 있습니다.

교만이란 단어는 겸손함이 없이 잘난 체하여 방자하고 버릇이 없음을

일컫는 말이며, 거만은 겸손하지 못하고 거드름을 피우며 타인을 업신여긴다는 의미입니다.

교만한 사람, 거만한 사람들은 자기주장이 매우 강한 반면, 남의 말을 잘 듣지 않습니다. 자신이 가장 잘 났으며 자신의 판단에는 오류가 없으며 자신이 가장 정의롭다고 생각하거나, 자신의 이익만을 생각하기 때문입니다.

이런 사람이 곁에 있으면 항상 갈등과 분쟁이 발생하며, 항상 주위가 시끄럽습니다. 남의 말에 귀를 기울이지 않으며, 남이 이야기할 때는 거의 딴 짓을 합니다. 이뿐만이 아닙니다. 상대의 입장이나 의견을 수용하려는 노력은 거의 하지 않으며, 오로지 반대하거나 반박할 궁리만 합니다. 본인의 논리나 주장이 잘 먹히지 않으면 그 판을 깨려고 하거나 아예 무시해 버립니다.

일반적으로 사람들은 '잘난 척 하는 사람'을 싫어합니다. 심지어 객관적으로 잘난 사람일지라도 그것을 드러내면 싫어합니다.

교만한 사람은 어떤 식으로든 자신의 잘났음을 바닥에 깔고 말하거나 행동합니다. 그가 학벌을 자랑하지 않고, 집안을 자랑하지 않고, 겸손한 척 하여도 그들의 교만함을 교묘하게 드러냅니다.

남의 말에 잘 귀 기울지 않거나, 듣는 척만 하거나, 들어도 뭔가 비웃는 듯한 표정을 짓거나, 상대의 말을 잘 자르거나 하면 그는 교만한 사람입니다.

이런 사람은 멀리 해야 합니다. 일을 그르치거나, 조직의 분위기를 망치거나, 최소한 곁에 있는 사람의 기분이라도 잡치고 말기 때문입니다. 이래서 우리는 겸손한 사람을 좋아 하는 것입니다.

관련 어구

잠9:7 거만한 자를 징계하는 자는 도리어 능욕을 받고 악인을 책망하는 자는 도리어 흠이 잡히느니라

잠9:8 거만한 자를 책망하지 말라 그가 너를 미워할까 두려우니라 지혜 있는 자를 책망하라 그가 너를 사랑하리라

잠14:6 거만한 자는 지혜를 구하여도 얻지 못하거니와 명철한 자는 지식 얻기가 쉬우니라

잠16:5 무릇 마음이 교만한 자를 여호와께서 미워하시나니 피차 손을 잡을지라도 벌을 면하지 못하리라

잠19:29 심판은 거만한 자를 위하여 예비된 것이요 채찍은 어리석은 자의 등을 위하여 예비된 것이니라

11. 이런 친구를 사귀라

四. 孔子曰 益者 三友오 損者 三友니 友直하며 友諒하며 友多聞이면 益矣오 友便辟하며 友善柔하며 友便佞이면 損矣니라(季氏篇)

4. 공자께서 말씀하셨다. "이로운 벗이 셋이 있고, 해로운 벗이 셋이 있다. 정직한 벗과 미더운 벗과 지식이 많은 벗은 이로우나, 편벽된 벗과 줏대없이 남의 비위나 맞추는 벗과 말만 잘하며 아첨하는 벗은 해로울 뿐이다."

게오르크 헤겔의 "마음의 문을 여는 손잡이는 안쪽에만 달려 있다"는 말이 새삼 가슴에 와 닿습니다.

좋은 친구를 사귀려면 본인이 먼저 좋은 사람이 되어야 합니다. 유유상종(類類相從)이란 말을 순수 우리말로 하면 끼리끼리라는 말이 될 것입니다. 살아 보니 희한하게도 정말 사람들은 비슷한 사람끼리 모이고 또 친하게 지냅니다. 나쁜 사람은 나쁜 사람과 좋은 사람은 좋은 사람과 친합니다. 하니 당연히 본인 먼저 좋은 사람이 되어야 좋은 사람을 만날 수 있습니다.

좋은 사람이 되려는 노력과 함께 자기의 맘 문을 여는 노력도 해야 합니다. 문을 열어야 손님이 들어 올 수 있으니까요.

기업의 대표나 고위 공직자들이 자주 하는 말이 있습니다. "제 방의 문은 항상 열려 있으니 언제든지 찾아 주십시오", "방의 문턱을 낮추겠습니다" 등등의 언급은 결국 소통을 말하는 것입니다. 그리고 소통의 근본이 "여는 것"이기에 이런 표현을 하는 것입니다.

사람들의 장수에 대한 욕망은 동서고금을 막론하고 참으로 강합니다. 오죽하면 진시황의 불로초 이야기가 지금까지 회자되겠습니까?

그런데 오래 사는 데 가장 중요한 요인 가운데 하나가 친구의 숫자라고 합니다. 다시 말해 친구가 많을수록 오래 산다는 것입니다. 친구가 많다는 것은 결국 본인이 인간적으로 잘 살아 왔다는 것을 증명하는 것과 마찬가지 아닐까요?

그런데 그 친구들이 좋은 친구, 바른 친구, 인간적인 친구들이라면 또 얼마나 좋겠습니까?

친구의 수도 중요하지만, 사귐의 깊이도 중요해 보입니다.

진정으로 친구를 사랑하는 친구!

여러분은 몇 명이나 있나요?

우리는 지금까지 멀리 해야 하는 사람들에 대한 이야기를 주로 해왔습니다. 최소한 이런 사람들만 아니면 친구가 되기에 충분하지만, 더 나아간다면 지혜로운 친구를 만난다면 그 보다 큰 행운은 없을 것입니다.

자기 주변을 한 번 둘러보십시오.

어떤 사람들이 보이십니까?

그 사람들을 보면 자신이 보입니다.

자신이 그들과 같은 부류니까요.
궁극적으로 본인이 자신이 원하는 사람들과 같은 종류의 사람이 되지 않으면 그들을 만날 수 없습니다.
자신이 이기적이고 교만한데, 어찌 이타적이고 겸손한 사람을 만날 수 있겠습니까?

관련 어구

五. 孔子曰 益者 三樂오 損者 三樂이니 樂節禮樂하며 樂道人之善하며 樂多賢友면 益矣오 樂驕樂하며 樂佚遊하며 樂宴樂이면 損矣니라(季氏篇)

5. 공자께서 말씀하셨다. "좋아하면 이익이 되는 세 가지가 있고, 좋아하면 해로운 것 세 가지가 있다. 예악 절제를 좋아하며, 남의 좋은 점을 칭찬하기 좋아하며, 어진 벗이 많은 것을 좋아하면 이롭다. 반면 교만한 즐거움을 좋아하며, 하는 일없이 빈둥거리기를 좋아하며, 먹고 마시며 흥청되는 잔치를 좋아하면 해롭다."

九. 子貢이 問爲仁한대 子曰 工欲善其事인댄 必先利其器니 居是邦也하야 事其大夫之賢者하며 友其士之仁者니라(衛靈公篇)

9. 자공이 인의 실천에 관해 묻자, 공자께서 말씀하셨다. "장인이 일을 잘하려면 반드시 먼저 그 연장을 날카롭게 다듬는 법이다. 이 나라에 살면서 그 나라의 어진 대부를 섬기며, 그 나라의 어진 사람을 벗으로 해야 한다."

<참고문헌>

강신주(2006). 유학의 변신은 무죄 공자 & 맹자. 파주: 김영사

강신주(2011). 관중과 공자. 파주: 사계절

김동윤 편역(2013). 인간관계이론. 서울: 커뮤니케이션북스

김택환(2008). 넥스트 리더십. 서울: 메디치미디어

로저 트리그 지음 최용철옮김(1996). 인간 본성에 관한 10가지 철학적 성찰. 서울: 자작나무

박삼수 역주 해설(2014). 쉽고 바르게 읽는 논어. 울산: 지혜의 바다

민영욱 지음(2003). 성공하는 사람들의 화술테크닉. 서울: 가림출판사

사이토 시게타 지음 이유정 옮김(2000). 사랑받는 사람들의 9가지 공통점. 서울: 시학사

위르크 빌리 지음 심화섭 옮김(2003). 사랑의 심리학. 서울: (주) 이끌리오

이호종·신광철 지음(2006). 칭기스칸의 리더십. 서울: 오늘의 책

정진흥(2007). 인문의 숲에서 경영을 만나다. 파주: 21세기북스

조병호(2011). 성경과 고대정치. 서울: 통독원

최지천 외 11인 공저(2013). 창의융합 콘서트. 서울: 엘도라도

코이케 류노스케 지음/유윤한 옮김(2011). 버리고 사는 연습. 경기도 파주: 21세기북스

크리스토퍼 부르거 지음/안성철 옮김(2009). 왕처럼 화내라. 서울: 미래인

솔로몬 공자 길을 가다

초판 1쇄 2024년 4월 10일
초판 2쇄 2025년 4월 5일

글쓴이 엄태석
캘리그라피 이상희

펴낸곳 이분의일
주소 경기도 과천시 과천대로2길 6, 508호
전화 02-3679-5802
이메일 onehalf@1half.kr
홈페이지 www.1half.kr

출판등록, 제 2020-000015호
ⓒ엄태석, 2024
ISBN 979-11-92331-94-2 (03150)

이 책에 실린 글과 이미지의 무단복제를 금합니다.
이 책의 내용의 전부 또는 일부를 재사용하려면 반드시 출판사의 동의를 받아야 합니다.